Mathematik Lernheft 10. Klasse

inklusive Lernvideos, Aufgaben und Lösungen

Copyright © 2019 StudyHelp
StudyHelp GmbH, Paderborn
WWW.STUDYHELP.DE

1. Auflage

Autor: Björn Preus

Redaktion & Satz: Carlo Oberkönig
Kontakt: verlag@studyhelp.de
Umschlaggestaltung, Illustration: StudyHelp GmbH

ISBN 978-3-947-**50612**-5

Inhalt

1 Quadratische Gleichungen

Motivation: Eine quadratische Gleichung ist eine Gleichung, bei der mindestens ein Exponent von x zwei lautet. Es muss also ein x^2 vorkommen. Wenn andere Exponenten als eins oder zwei in der Gleichungen stehen, handelt es sich um keine quadratische Gleichung mehr. Anstelle von x können wir natürlich auch eine andere Variable verwenden. In der unteren Abbildung ist eine quadratische Funktion abgebildet, wobei die Punkte A und B die Nullstellen angeben und der Punkt S den Scheitelpunkt angibt.

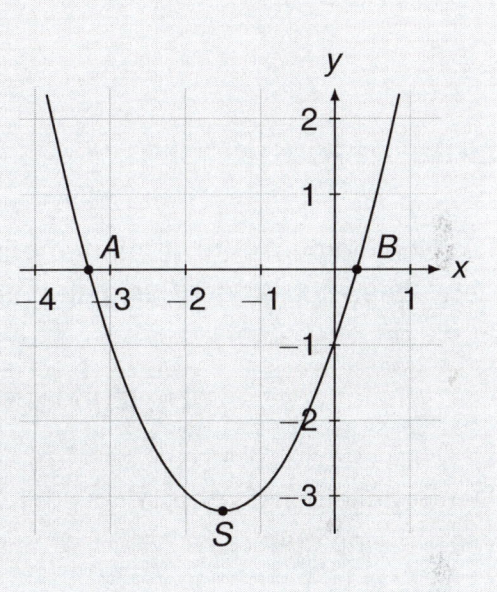

Mit quadratischen Gleichungen können wir eine Vielzahl von Problemen lösen, die auf den ersten Blick nicht unbedingt aus dem Alltag kommen. Mal angenommen, du willst einen Freund mit einem Schneeball aus weiter Distanz genau am Kopf treffen. Mit Hilfe der Physik und quadratischen Gleichungen lässt sich genau ausrechnen, wie du den Schneeball werfen musst. Versuche zu erkennen, ob es sich bei den folgenden Gleichungen um quadratische Gleichungen handelt:

Einstieg

A.1.1

Gleichung	Quadratische Gleichung?
$y = x^2 + 3x - 2$	○ ja ○ nein
$f(x) = x^2 + 3x^3 - 2$	○ ja ○ nein
$f(t) = at^2 - bt - 3$	○ ja ○ nein
$f(t) = x^3 + 3t^2 - 2$	○ ja ○ nein
$y = 3x - 2$	○ ja ○ nein
$y = (3x - 2) \cdot (4x + 4)$	○ ja ○ nein

1.1 Allgemeine Form

Allgemein sieht eine quadratische Funktion folgendermaßen aus:

$$f(x) = ax^2 + bx + c$$

Falls $a = 1$ ist, sprechen wir von der Normalform. Falls $a = 0$ ist, ist diese Funktion nicht mehr quadratisch, sondern linear.

$$\textbf{Normalform: } f(x) = x^2 + bx + c$$

1.2 Scheitelpunktform

Scheitelpunkt-
form erkennen

Die Scheitelpunktform kommt eher selten vor, ist jedoch sehr praktisch, wenn wir den Scheitelpunkt der Funktion bestimmen wollen, also den Hoch-/Tiefpunkt der Funktion. Sie lautet:

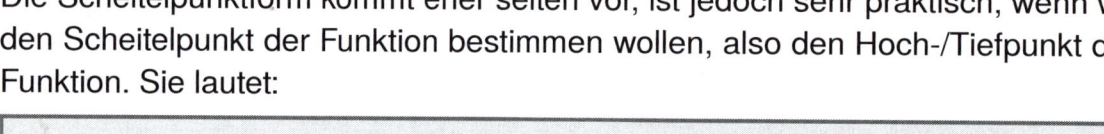

$$\textbf{Scheitelpunktform: } f(x) = a(x - d)^2 + e$$

Der Scheitelpunkt lautet $S(d|e)$ und lässt sich direkt ablesen. Es folgt ein **Beispiel**, wie wir eine quadratische Gleichung in Scheitelpunktform bringen können:

Normalform auf
Scheitelpunkt-
form (1)

$f(x) = x^2 - 2x - 3$	Wir schauen, welche Zahl noch fehlt, um aus $f(x) = x^2 - 2x$ eine binomische Formel zu machen. In diesem Fall fehlt $+1$.
$f(x) + 1 = x^2 - 2x + 1 - 3$	Wir addieren also auf beiden Seiten mit 1 und vereinfachen den Ausdruck.
$f(x) + 1 = (x - 1)^2 - 3 \quad | -1$	
$f(x) = (x - 1)^2 - 4$	Scheitelpunkt ablesen $S(1|-4)$.

Normalform auf
Scheitelpunkt-
form (2)

Aufgaben

A.1.2.1 Bestimme den Scheitelpunkt folgender Funktionen. Überführe, wenn nötig, in die Scheitelpunktform.

a) $f(x) = 5 \cdot (x - 3)^2 - 3$ b) $g(x) = 3 \cdot (x + 1)^2 + 2$

c) $h(x) = x^2 - 5x + 3$ d) $i(x) = 3x^2 - 4x + 12$

1.3 Nullstellen ausrechnen

Um die Nullstellen einer Funktion auszurechnen, setzen wir zuerst $y = 0$ und lösen anschließend nach x auf. Dabei gibt es verschiedene Fälle und viele Möglichkeiten, auf das richtige Ergebnis zu kommen.

1. Fall: $ax^2 = 0; a \neq 0$

Nullstellen
(Fall 1-4)

a) $0 = 5x^2$	$\Rightarrow x = 0$
b) $0 = -\dfrac{1}{2}x^2$	$\Rightarrow x = 0$
c) $0 = ax^2$	$\Rightarrow x = 0$

Wir können leicht sehen, dass hier für x immer 0 raus kommt. Für jede Funktion dieser Art liegt der Scheitelpunkt also im Koordinatenursprung. Die Zahl vor dem x^2 gibt nur an, wie breit oder schmal die Parabel, also die Streckung/Stauchung des Graphen ist.

2. Fall: $ax^2 + c = 0; a, c \neq 0$

Wir teilen zuerst durch die Zahl a, die vor dem x^2 steht. Anschließend bringen wir alle Zahlen, die kein x^2 haben, auf die andere Seite des Gleichheitszeichens. Zum Schluss ziehen wir die Wurzel. Dabei müssen wir beachten, dass wir immer zwei Ergebnisse erhalten - einmal mit positivem und einmal mit negativem Vorzeichen, da das Quadrat beider Zahlen wieder unsere ursprüngliche unter der Wurzel stehende Zahl ergibt.

a)	b)	c)
$0 = 5x^2 - 20 \quad \lvert : 5$	$0 = 3x^2 - 27 \quad \lvert : 3$	$0 = x^2 + 4 \quad \lvert - 4$
$\Leftrightarrow 0 = x^2 - 4 \quad \lvert + 4$	$\Leftrightarrow 0 = x^2 - 9 \quad \lvert +9$	$\Leftrightarrow -4 = x^2 \quad \lvert \sqrt{}$
$\Leftrightarrow 4 = x^2 \quad \lvert \sqrt{}$	$\Leftrightarrow 9 = x^2 \quad \lvert \sqrt{}$	$\frac{1}{2}$
$\Rightarrow x = \sqrt{4} = \pm 2$	$\Rightarrow x = \sqrt{9} = \pm 3$	

3. Fall: $ax^2 + bx = 0; a, b \neq 0$

In diesem Fall können wir zuerst ein x aus den beiden Summanden ausklammern. Damit ist ein Ergebnis schon bekannt: $x_1 = 0$, denn wenn $x = 0$, sind beide Seiten der Gleichungen äquivalent.

a)

$$0 = 2x^2 + 4x \qquad x \text{ auskl.}$$
$$\Leftrightarrow \quad 0 = x \cdot (2x + 4) \qquad *$$
$$\Rightarrow \quad x_1 = 0$$
$$\wedge \quad 0 = 2x_2 + 4 \qquad |-4$$
$$\Leftrightarrow \quad -4 = 2x_2 \qquad |:2$$
$$\Leftrightarrow \quad x_2 = -2$$

b)

$$0 = 3x^2 - 12x \qquad x \text{ auskl.}$$
$$\Leftrightarrow \quad 0 = x \cdot (3x - 12) \qquad *$$
$$\Rightarrow \quad x_1 = 0$$
$$\wedge \quad 0 = 3x_2 - 12 \qquad |+12$$
$$\Leftrightarrow \quad 12 = 3x_2 \qquad |:3$$
$$\Leftrightarrow \quad x_2 = 4$$

*Hinweis: Ein Produkt ist 0, wenn einer der beiden Faktoren 0 ist.

4. Fall: $x^2 + bx + c = 0; b, c \neq 0$

In diesem Fall gibt es verschiedene Lösungsmethoden. Die am häufigsten verwendete Methode ist die *pq*-Formel:

$$x_{1,2} = -\frac{p}{2} \pm \sqrt{\left(\frac{p}{2}\right)^2 - q}$$

wobei p und q aus der quadratischen Gleichung abgelesen werden müssen.

$$x^2 + px + q = 0$$

Diese Formel brauchen wir so häufig, dass du sie definitiv auswendig können solltest. Zum besseren Verständnis schauen wir uns hierzu zwei Beispiele an.

a) $0 = x^2 + 3x - 4$

Wir können $p = 3$ und $q = -4$ ablesen, setzen die Werte in die *pq*-Formel ein und vereinfachen:

$$x_{1,2} = -\frac{3}{2} \pm \sqrt{\left(\frac{3}{2}\right)^2 - (-4)} = -\frac{3}{2} \pm \sqrt{\frac{9}{4} + 4}$$

$$= -\frac{3}{2} \pm \sqrt{\frac{9}{4} + 4 \cdot \frac{4}{4}} = -\frac{3}{2} \pm \sqrt{\frac{9}{4} + \frac{16}{4}}$$

$$= -\frac{3}{2} \pm \sqrt{\frac{25}{4}} = -\frac{3}{2} \pm \frac{5}{2}$$

Damit folgt für $x_1 = -\frac{3}{2} + \frac{5}{2} = -\frac{2}{2} = -1$ und für $x_2 = -\frac{3}{2} - \frac{5}{2} = -\frac{8}{2} = -4$.

b) $0 = x^2 + 5x + 10$

Wir können $p = 5$ und $q = 10$ ablesen, setzen die Werte in die *pq*-Formel ein und vereinfachen:

$$x_{1,2} = -\frac{5}{2} \pm \sqrt{\left(\frac{5}{2}\right)^2 - 10} = -\frac{5}{2} \pm \sqrt{\frac{25}{4} - 10}$$

$$= -\frac{5}{2} \pm \sqrt{\frac{25}{4} - 10 \cdot \frac{4}{4}} = -\frac{5}{2} \pm \sqrt{\frac{25}{4} + \frac{40}{4}}$$

$$= -\frac{5}{2} \pm \sqrt{-\frac{15}{4}}$$

Achtung! Aus negativen Zahlen können wir keine Wurzel ziehen. Daher gibt es für x keine Lösung.

5. Fall: $ax^2 + bx + c = 0; a \neq 0$

Nullstellen
(Fall 5)

Hier gibt es zwei Möglichkeiten. Entweder wir teilen zuerst durch a und rechnen dann mit der *pq*-Formel weiter oder wir verwenden die sogenannte *abc*-Formel (auch <u>Mitternachtsformel</u> genannt):

$$x_{1,2} = \frac{-b \pm \sqrt{b^2 - 4ac}}{2a}$$

In der Praxis teilen meistens dennoch zuerst durch a, um anschließend die *pq*-Formel anzuwenden. Dazu schauen wir uns beide Vorgehensweisen jeweils anhand eines Beispiels an.

a) $0 = 2x^2 + 10x + 20$

Wir teilen die Gleichung zunächst durch den Faktor vor dem x, also durch 2 und erhalten:

$$0 = x^2 + \underset{p}{5x} + \underset{q}{10}$$

Jetzt können wir wieder $p = 5$ und $q = 10$ ablesen. Ab hier geht es so weiter wie in Beispiel b) im 4. Fall.

b) $0 = 2\overset{a}{x^2} + 2\overset{b}{x} - \overset{c}{12}$

Wir können $a = 2$, $b = 2$ und $c = -12$ ablesen, setzen die Werte in die *abc*-Formel ein und vereinfachen:

$$x_{1,2} = \frac{-2 \pm \sqrt{2^2 - 4 \cdot 2 \cdot (-12)}}{2 \cdot 2} = \frac{-2 \pm \sqrt{4 - (-96)}}{4}$$

$$= \frac{-2 \pm \sqrt{100}}{4} = \frac{-2 \pm 10}{4}$$

Damit folgt für $x_1 = \frac{-2+10}{4} = \frac{8}{4} = 2$ und für $x_2 = \frac{-2-10}{4} = -\frac{12}{4} = -3$.

Aufgaben

A.1.3.1. Berechne die Nullstellen. Löse i) einmal mittels *pq*-Formel und einmal mit der *abc*-Formel:

a) $e(x) = -3x^2$

b) $f(x) = 5x^2$

c) $g(x) = 3x^2 - 6$

d) $h(x) = 4 - x^2$

e) $i(x) = -2x^2 + 3x$

f) $j(t) = -4t^2 - 2t$

g) $k(x) = x^2 + 5x - 2{,}75$

h) $l(u) = u^2 - 3u + \frac{5}{4}$

i) $m(x) = 3x^2 - 9x + 3{,}75$

1.4 Satz von Vieta

Satz von Vieta

Liegt eine quadratische Gleichung der Form $x^2 + px + q = 0$ vor, können wir anstelle der *pq*-Formel auch den Satz von Vieta benutzen. Es gilt:

$$p = -(x_1 + x_2) \text{ und } q = x_1 \cdot x_2$$

Wie der Satz von Vieta konkret angewendet wird, schauen wir uns in zwei Beispielen an.

a) $0 = x^2 - 3x + 2$

Wir lesen im ersten Schritt $p = -3$ und $q = 2$ ab und suchen anschließend zwei Zahlen, die als Produkt 2 und als Summe 3 ergeben. Durch kurzes überlegen kommen wir auf $x_1 = 1$ und $x_2 = 2$.

Eine kurze Probe zeigt, dass wir die Zahlen richtig gewählt haben, denn

$$p = -3 = -(\underbrace{1}_{=x_1} + \underbrace{2}_{=x_2}) \checkmark \quad \text{und} \quad q = 2 = \underbrace{1}_{=x_1} \cdot \underbrace{2}_{=x_2} \checkmark$$

sind erfüllt.

b) $0 = x^2 - 2x - 8$

Wir lesen im ersten Schritt $p = -2$ und $q = -8$ ab und suchen anschließend zwei Zahlen, die als Produkt -8 und als Summe 2 ergeben. Durch kurzes überlegen kommen wir auf $x_1 = 4$ und $x_2 = -2$.

Eine kurze Probe zeigt, dass wir die Zahlen richtig gewählt haben, denn

$$p = -2 = -(\underbrace{4}_{=x_1} + \underbrace{(-2)}_{=x_2}) \checkmark \quad \text{und} \quad q = -8 = \underbrace{4}_{=x_1} \cdot \underbrace{(-2)}_{=x_2} \checkmark$$

sind erfüllt.

1.5 Zerlegung in Linearfaktoren

Wenn die Nullstellen bereits bekannt sind, lässt sich die quadratische Funktion in Linearfaktoren zerlegen. Das bedeutet, wir können die quadratische Funktion als Produkt zweier linearer Funktionen aufschreiben. Falls die quadratische Funktion schon in Linearfaktoren zerlegt gegeben ist, lassen sich die Nullstellen ganz leicht ablesen. Allgemein sieht eine quadratische Funktion in Linearfaktoren zerlegt so aus:

Linearfaktoren

$$f(x) = (x - a) \cdot (x - b)$$

wobei a und b die Nullstellen sind.

> Gegeben ist die Funktion
>
> $$f(x) = x^2 - 3x + 2$$
>
> Zunächst müssen wir die Nullstellen bestimmen, damit die Funktion in Linearfaktoren zerlegt werden kann. Aus den vorherigen Aufgaben ist bereits bekannt, dass $x_1 = 1$ und $x_2 = 2$ ist. Daher gilt:
>
> $$f(x) = (x - 1) \cdot (x - 2)$$
>
> Hierbei beachten wir, dass sich das Vorzeichen in den Klammern umdreht.

Aufgaben

A.1.5.1. Zerlege die folgenden Gleichungen in die Linearfaktoren mit Hilfe des Satzes von Vieta und lies die Nullstellen ab.

a) $f(x) = x^2 - x - 6$

b) $g(x) = x^2 + 4x - 5$

c) $h(x) = 2x^2 + 18x - 72$

d) $i(x) = 3x^2 + 9x - 12$

1.6 Zeichnerische Lösungen

Eine Funktion der Form $f(x) = ax^2 + bx + c$ lässt sich mit Hilfe der Scheitelpunktform und einer Schablone für eine Normalparabel exakt zeichnen. Allerdings geht das nur für den Fall

- $a = 1$, hier muss die Schablone mit dem Scheitelpunkt an den richtigen Punkt angelegt und die Parabel nach oben geöffnet gezeichnet werden, oder

- $a = -1$, wo wir das gleiche machen, mit dem Unterschied, dass die Parabel nach unten geöffnet ist.

Um den Graphen der Funktion $f(x) = x^2 - 2x - 3$ zu zeichnen, formen wir diese zunächst in die Scheitelpunktform um. Diese lautet, wie wir bereits aus vorherigen Rechnungen wissen,

$$f(x) = (x - 1)^2 - 4$$

mit dem Scheitelpunkt $S(1 \mid -4)$. Die zugehörige Zeichnung sieht damit folgendermaßen aus:

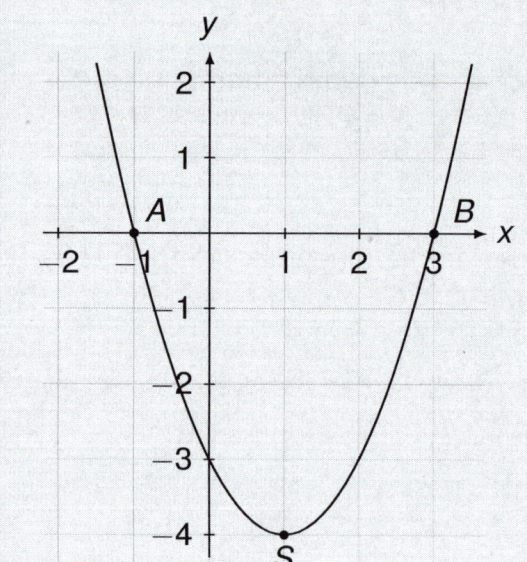

Hier können wir nun die Nullstellen einfach ablesen:

$$x_1 = -1 \quad \text{und} \quad x_2 = 3$$

Außerdem sehen wir in dieser Darstellung noch den y-Achsenabschnitt bei

$$y = f(0) = -3$$

Aufgaben

A.1.6.1. Bringe die Funktion in die Scheitelpunktform und zeichne dann mit Hilfe deiner Parabelschablone die Parabel. Lies die drei Achsenabschnitte ab.

a) $f(x) = x^2 - 2x + 3$ 　　　　　　　　 b) $g(x) = -x^2 + 3x - 4$

2 Lineare Gleichungssysteme

Vokabeln

Lineare Gleichungssysteme (kurz: LGS) sind sehr grundlegend und in vielen Bereichen des Alltags nützlich. Viele Vorgänge lassen sich durch Funktionen beschreiben - ob es der Preis der Taxifahrt ist, die Ermittlung der zu zahlenden Steuern für das vergangene Jahr oder die Geschwindigkeit eines Autos, es gibt unzählige Beispiele für Funktionen, die reale Sachverhalte abbilden.

Oft sind diese Sachverhalte aber von mehreren Faktoren und damit auch von mehreren Funktionen abhängig bzw. von deren Parametern. Dafür brauchen wir dann Gleichungssysteme, in welchen wir alle Funktionen mit den wichtigen Parametern beachten.

Ein simples Beispiel hierfür ist unser Kaufverhalten. Jeder Mensch hat ein gewisses Einkommen im Monat zur Verfügung. Wenn du 50 € Taschengeld pro Monat bekommst, kannst du dir keinen Handyvertrag für 60 € pro Monat leisten. Allerdings könntest du einen Vertrag für 20 € im Monat bezahlen und hättest dann noch 30 € für andere Dinge übrig.

Dein Einkommen und dein Kaufverhalten können wir also durch zwei Funktionen beschreiben und somit untersuchen, wie du dieses mit deinem Kaufverhalten in Einklang bringen kannst. Dies wäre bereits ein einfaches System.

2.1 Zeichnerisch lösen

LGS
zeichnerisch
lösen

Übersicht

Was heißt allge-
meine Lösung?

Zuerst wollen wir uns die graphische Lösung eines einfachen Gleichungssystems anschauen.

Beispiel:

$$(1) \quad f(x) = 3x - 2$$

$$(2) \quad g(x) = x + 2$$

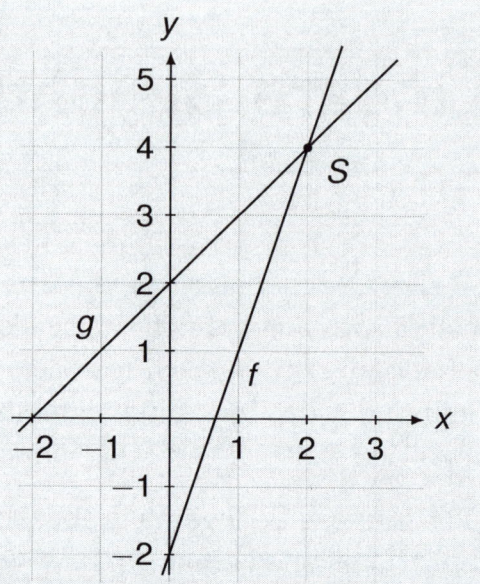

1. Wir zeichnen die beiden Geraden in unser Koordinatensystem.

2. Wir lesen die Koordinaten des Schnittpunkts ab: $S(2|4)$

3. Wir machen letztendlich die Probe, indem wir den Schnittpunkt in die Gleichungen (1) und (2) einsetzen.

	$S(2\|4)$ einsetzen	Wahr oder falsch?
(1) $f(x) = 3x - 2$	$4 = 3 \cdot 2 - 2$	wahr
(2) $g(x) = x + 2$	$4 = 2 + 2$	wahr

Aufgaben

A.2.1.1. Gegeben seien folgende Gleichungen:

$$(1) \quad y = x + 7$$

$$(2) \quad y = -2x + 3$$

a) Löse das LGS zeichnerisch.

b) Mache die Punktprobe.

A.2.1.2. Gegeben seien die folgenden Gleichungen:

$$(1) \quad 3y = 12x + 7$$

$$(2) \quad 0 = 7y - 21x - 14$$

a) Forme das Gleichungssystem um und löse es zeichnerisch.

b) Überprüfe dein Ergebnis.

2.2 Lösen durch Rechnen

Natürlich können wir diese Systeme auch rechnerisch lösen. Dabei gibt es verschiedene Verfahren, die wir uns auf den folgenden Seiten genauer anschauen werden.

Wir schauen uns die einzelnen Verfahren anhand der zwei Gleichungen aus dem vorherigen Beispiel und einem weiteren Beispiel mit drei Unbekannten und drei Gleichungen an.

2.2.1 Einsetzverfahren

Die erste Möglichkeit, die wir uns anschauen, ist das Lösen von Gleichungssystemen durch Einsetzen. Hierbei stellen wir eine Gleichung nach einer Variablen um und setzen die Variable in die andere Gleichung ein.

Einsetz-
verfahren

Kochrezept:

1. Gleichung nach einer Variablen umformen.

2. Umgeformte Gleichung in andere Gleichung einsetzen und lösen.

3. Fehlenden Wert x mit Hilfe von Gleichung (1) oder (2) berechnen.

4. Lösung notieren.

5. Probe machen.

Beispiel:

$$(1) \quad y = 3x - 2$$

$$(2) \quad y = x + 2 \quad | -2$$

Zunächst stellen wir Gleichung (2) nach x um und setzen sie in (1) ein

$$(2) \; x = y - 2 \xrightarrow{\text{in (1)}} y = 3 \cdot (y - 2) - 2$$

und berechnen y:

$$
\begin{aligned}
y &= 3 \cdot (y - 2) - 2 \\
\Leftrightarrow \quad y &= 3y - 8 && | -3y \\
\Leftrightarrow \quad -2y &= -8 && | : (-2) \\
\Leftrightarrow \quad y &= 4
\end{aligned}
$$

Für den fehlenden x-Wert setzen wir das Ergebnis $y = 4$ in Gleichung (1) oder (2) ein. Mit Gleichung (2) folgt: $x = 4 - 2 = 2$.

	$S(2|4)$ einsetzen	Wahr oder falsch?
(1) $y = 3x - 2$	$4 = 3 \cdot 2 - 2$	wahr
(2) $y = x + 2$	$4 = 2 + 2$	wahr

Wir bekommen, wie erwartet, genau die gleiche Lösung wie bei der zeichnerischen Lösungsvariante heraus.

Beispiel mit drei Gleichungen und drei Unbekannten. Gegeben:

$$(1) \quad 2x - y + 3z = 1$$
$$(2) \quad 3x + y - 2z = 0$$
$$(3) \quad x + y + z = 3$$

Wir stellen eine der Gleichungen (hier (3)) nach einer Variable (hier x) um und erhalten:

$$(1) \quad 2x - y + 3z = 1$$
$$(2) \quad 3x + y - 2z = 0$$
$$(3) \quad x = 3 - y - z$$

Im folgenden Schritt setzen wir Gleichung (3) in Gleichung (1) und (2) ein:

$$(1) \quad 2 \cdot (3 - y - z) - y + 3z = 1$$
$$(2) \quad 3 \cdot (3 - y - z) + y - 2z = 0$$

$$(1) \quad 6 - 2y - 2z - y + 3z = 1 \qquad | -6$$
$$(2) \quad 9 - 3y - 3zy - 2z = 0$$

$$(1) \quad -3y + z = -5 \qquad | +3y$$
$$(2) \quad 9 - 2y - 5z = 0$$

$$(1) \quad z = -5 + 3y$$
$$(2) \quad 9 - 2y - 5z = 0$$

Nun setzen wir Gleichung (1) in Gleichung (2) ein, sodass die Gleichung nur noch eine Unbekannte (y) enthält und wir die Gleichung lösen können:

$$(2) \quad 9 - 2y - 5 \cdot (-5 + 3y) = 0$$

$$\Leftrightarrow \quad 9 - 2y + 25 - 15y = 0 \quad | -34$$

$$\Leftrightarrow \quad -17y = -34 \quad | : (-17)$$

$$\Leftrightarrow \quad y = 2$$

Jetzt setzen wir das Ergebnis aus (2) in Gleichung (1) ein:

$$(1) \quad z = -5 + 3 \cdot (2)$$

$$\Leftrightarrow \quad z = 1$$

Schlussendlich bestimmen wir noch die fehlende Variable x, indem wir die errechneten Variablen in Gleichung (3) einsetzen.

$$(3) \quad x = 3 - 2 - 1$$

$$\Leftrightarrow \quad x = 0$$

Damit haben wir das LGS vollständig gelöst:

Aufgaben

A.2.2.1. Löse die gegebenen LGS durch Einsetzen und überprüfe dein Ergebnis.

a)
$$7x + 12 = y$$
$$-x - 1 = y$$

b)
$$x - 2 - 4y = 1$$
$$-2y - 3 - 2x = 3$$

c)
$$3x - y + 2z = 4$$
$$x + y - z = 0$$
$$2x - 2y - 2z = 12$$

d)
$$135y - 270z - 540x = 810$$
$$43x + 86y + 215z = 516$$
$$2x - 4z + 5y = 10$$

2.2.2 Gleichsetzungsverfahren

Als nächstes schauen wir uns die Methode des Gleichsetzens an, da das Verfahren dem Einsetzverfahren sehr ähnlich ist.

Für unser Beispiel ist das Gleichsetzen ebenfalls eine sehr sinnvolle Methode, da beide Gleichungen bereits nach einer Variablen umgestellt sind.

Gleichsetzungs-
verfahren

Kochrezept:

1. Gleichung (1) und Gleichung (2) nach der gleichen Variable umstellen.

2. Gleichungen gleichsetzen.

3. Fehlenden Wert mit Hilfe von Gleichung (1) oder (2) berechnen.

4. Lösung notieren.

5. Probe machen.

Beispiel:

$$(1) \quad y = 3x - 2$$

$$(2) \quad y = x + 2$$

Wir setzen die Gleichungen gleich und lösen nach x auf:

$$3x - 2 = x + 2 \quad | -x, +2$$

$$\Leftrightarrow \quad 2x = 4 \quad | :2$$

$$\Leftrightarrow \quad x = 2$$

Anschließend setzen wir $x = 2$ in Gleichung (2), um y zu bestimmen:

$$y = 2 + 2 = 4$$

Wir überprüfen unsere Lösungen, indem wir die Ergebnisse jeweils in die Gleichungen einsetzen.

	$S(2|4)$ einsetzen	Wahr oder falsch?
(1) $y = 3x - 2$	$4 = 3 \cdot 2 - 2$	wahr
(2) $y = x + 2$	$4 = 2 + 2$	wahr

Offensichtlich besteht kein großer Unterschied zwischen dem Einsetzen und dem Gleichsetzen, denn das Gleichsetzen beruht auf dem Einsetzungsverfahren. Wir haben beide Gleichungen nach y umgestellt und anschließend den Term, den wir für y rausbekommen haben, in die andere Gleichung für y eingesetzt.

Versuch doch einmal selbst, für das LGS mit drei Unbekannten die Lösung über das Gleichsetzungsverfahren zu berechnen.

Aufgabe

A.2.2.2. Löse das gegebene LGS durch Gleichsetzen und überprüfe dein Ergebnis.

$$(1) \quad 2x - y + 3z = 1$$
$$(2) \quad 3x + y - 2z = 0$$
$$(3) \quad x + y + z = 3$$

Tipp: Am sinnvollsten für dieses Beispiel ist es, die Gleichungen zuerst nach y umzustellen, da in allen drei Gleichungen der Faktor 1 vor dem y steht und wir so den Rechenaufwand am geringsten halten.

2.2.3 Additionsverfahren

Additions-
verfahren

Kochrezept:

1. Gleichungen sortieren (Variablen auf linke, Konstanten auf rechte Seite).

2. Gleichungen so anpassen, dass durch Addition der beiden Gleichungen eine Variable verschwindet.

3. Gleichungen addieren und lösen.

4. Fehlenden Wert y mit Hilfe von Gleichung (1) oder (2) berechnen.

5. Lösung notieren.

6. Probe machen.

Beispiel:

$$(1) \quad y = 3x - 2$$
$$(2) \quad y = x + 2$$

Damit bei der Addition der beiden Gleichungen eine Variable wegfällt, multiplizieren wir Gleichung (2) zunächst mit -1:

$$(1) \quad y = 3x - 2$$
$$(2) \quad y = x + 2 \quad | \cdot (-1)$$

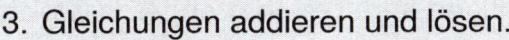

$$(1) \quad y = 3x - 2$$
$$(2) \quad -y = -x - 2$$

Nun können wir (1) + (2) rechnen und erhalten:

$$(1) + (2) \quad y - y \;=\; 3x - 2 + (-x - 2)$$

$$\Leftrightarrow \qquad 0 \;=\; 2x - 4 \qquad\qquad |-2x$$

$$\Leftrightarrow \quad -2x \;=\; -4 \qquad\qquad |:(-2)$$

$$\Leftrightarrow \qquad x \;=\; 2$$

Wir setzen $x = 2$ in Gleichung (2) und erhalten die übrige Variable:

$$y = 2 + 2 = 4$$

Abschließend überprüfen wir unser Ergebnis, in dem wir unser Ergebnis in beide Gleichungen einsetzen.

	$S(2|4)$ einsetzen	Wahr oder falsch?
(1) $y = 3x - 2$	$4 = 3 \cdot 2 - 2$	wahr
(2) $y = x + 2$	$4 = 2 + 2$	wahr

Beim Additionsverfahren müssen wir besonders darauf achten, dass wir alle Variablen bzw. Konstanten mit den jeweils richtigen Variablen der anderen Gleichung verrechnen. Häufige Fehlerquellen sind, dass z.B. versehentlich der x-Wert mit dem y-Wert verrechnet wurde. Vorzeichenfehler treten ebenfalls besonders oft auf.

Schauen wir uns als nächstes wieder unser Beispiel mit drei Gleichungen und Unbekannten an:

Beispiel: Löse das gegebene Gleichungssystem mit dem Additionsverfahren.

$$(1) \quad 2x - y + 3z \;=\; 1$$

$$(2) \quad 3x + y - 2z \;=\; 0$$

$$(3) \qquad x + y + z \;=\; 3$$

Als erstes betrachten wir unsere drei Gleichungen und überlegen, welche Variable am einfachsten zu „kicken" ist. In diesem Beispiel ist das offensichtlich das y. Denn ohne weitere Anpassungen können wir die y-Variable aus Gleichung (2) und (3) rausschmeißen, indem wir Gleichung (1) auf diese jeweils drauf addieren:

$$(1) \quad 2x - y + 3z \;=\; 1$$

$$(1) + (2) = (2^*) \qquad 5x + z \;=\; 1$$

$$(1) + (3) = (3^*) \qquad 3x + 4z \;=\; 4$$

Nun haben wir zwei Gleichungen (2^*) und (3^*) mit jeweils zwei Unbekannten. Wir schauen uns im Folgenden vorerst diese beiden Gleichungen an. Allerdings können wir diese Gleichungen nicht einfach addieren, ohne vorher etwas mit den Gleichungen zu machen.

Wir müssen also eine oder beide der Gleichungen so anpassen, dass durch Addition eine der Variablen verschwindet. Wir haben nun zwei Möglichkeiten:

1. Um x zu „kicken" müssen wir zuerst (2^*) mit -3 und (3^*) mit 5 multiplizieren.

2. Um z zu „kicken" müssen wir zuerst (2^*) mit -4 multiplizieren.

Schauen wir uns also beide Wege an:

1. Möglichkeit:

$$(2^*) \qquad 5x + z \;=\; 1 \quad | \cdot (-3)$$

$$(3^*) \qquad 3x + 4z \;=\; 4 \quad | \cdot 5$$

$$(2^{**}) \quad -15x - 3z \;=\; -3$$

$$(3^{**}) \quad 15x + 20z \;=\; 20$$

$$(2^{**}) + (3^{**}) \qquad 17z \;=\; 17 \quad | : 17$$

$$\Leftrightarrow \qquad z \;=\; 1$$

Nun setzen wir z in (3^*) (in (2^*) ist auch möglich) ein, um x zu erhalten:

$$(3^*) \quad 3x + 4 \cdot 1 \;=\; 4 \quad | -4$$

$$\Leftrightarrow \qquad 3x \;=\; 0 \quad | : 3$$

$$\Leftrightarrow \qquad x \;=\; 0$$

Zuletzt setzen wir x und z in eine unserer drei ursprünglichen Ausgangsgleichungen (hier in (3)) ein, um y zu bestimmen:

$$(3) \quad 0 + y + 1 \;=\; 3 \quad | -1$$

$$\Leftrightarrow \qquad y \;=\; 2$$

2. Möglichkeit:

$$(2^*) \qquad 5x + z = 1 \qquad | \cdot (-4)$$

$$(3^*) \qquad 3x + 4z = 4$$

$$(2^{**}) \quad -20x - 4z = -4$$

$$(3^*) \qquad 3x + 4z = 4$$

$$(2^{**}) + (3^*) \qquad -17x = 0 \qquad | : (-17)$$

$$\Leftrightarrow \qquad x = 0$$

Nun setzen wir x in (2^*) (in (3^*) ist auch möglich) ein um z zu erhalten:

$$(2^*) \quad 5 \cdot 0 + z = 1$$

$$\Leftrightarrow \qquad z = 1$$

Für y setzen wir beide Variablen in eine der Ursprungsgleichungen ein und erhalten $y = 2$ (siehe Vorgehen oben).

Aufgaben

A.2.2.3. Löse die Gleichungssysteme mit Hilfe des Additionsverfahren und mache anschließend die Probe. Stelle die Gleichungen gegebenenfalls erst um.

a)
$$2x - 4y = 3$$
$$3x + 7y = 13$$

b)
$$3y - 7x + 40 = 4x + 137$$
$$x + 2y = 7 - 3y$$

A.2.2.4. Löse die Gleichungssysteme nach den drei Unbekannten auf. Es kann hilfreich sein, die Gleichungen vorerst neu zu sortieren.

a)
$$3x - 7y + 2z = 10$$
$$x - 2y - z = 11$$
$$4x + 9y - 5z = 15$$

b)
$$3z - 5x + 7y = 9$$
$$2x - 6y + 10z = 14$$
$$7x + 7y + 7z = 0$$

2.2.4 Gauß-Algorithmus (Gaußsches Eliminationsverfahren)

Gauß - Ablauf

Zuletzt wollen wir uns den Gauß-Algorithmus anschauen, welcher im Prinzip nach dem Additionsverfahren funktioniert, dabei aber wesentlich übersichtlicher ist und den Schreibaufwand minimiert.

Üblicherweise macht dieses Verfahren erst Sinn, wenn man LGS mit drei oder mehr Unbekannten berechnet. Denn der Vorteil dieses Verfahrens liegt in der Übersichtlichkeit und der klaren Struktur. Merke: Je größer ein LGS wird, desto fehleranfälliger wird die Lösung.

Kochrezept:

Ziel ist es, in der dritten Gleichung nur noch z als Variable übrig zu haben und in der zweiten Gleichung nur y und z, sodass wir von unten nach oben die bekannten Werte einsetzen können, um den fehlenden Wert zu berechnen.

1. Gleichungen so tauschen, dass möglichst wenig Rechenaufwand entsteht.

2. Gleichung (1) mit (2) und (3) so verrechnen, dass die x-Variable aus (2) und (3) rausfliegt.

3. Gleichung (2) und (3) so verrechnen, dass nun auch die y-Variable aus (3) verschwindet.

4. Es bleibt in Gleichung (3) nur noch die z-Variable übrig, welche wir nun ausrechnen.

5. Die z-Variable in (2) einsetzen und y berechnen.

6. y und z in Gleichung (1) einsetzen und x berechnen.

Wir wenden das Vorgehen im Folgenden direkt in unserem bekannten Beispiel mit den drei Gleichungen an.

Gauß - Schreibweisen

Beispiel: Löse das gegebene Gleichungssystem mit dem Gauß-Algorithmus.

$$\begin{aligned}
(1) \quad 2x &- y + 3z = 1 \\
(2) \quad 3x &+ y - 2z = 0 \\
(3) \quad x &+ y + z = 1
\end{aligned}$$

Gauß - 4x4

Um den Schreibaufwand zu reduzieren, schreiben wir im Folgenden die Buchstaben nicht mehr dazu. Beachte, dass nur Variablen mit dem gleichen Buchstaben innerhalb einer Spalte stehen:

$$\left[\begin{array}{rrr|r}
2 & -1 & 3 & 1 \\
3 & 1 & -2 & 0 \\
1 & 1 & 1 & 3
\end{array}\right]$$

Wir tauschen Gleichung (1) und (3), da in Gleichung (3) die x-Variable bereits alleinstehend ist und wir somit einfach Vielfache der Gleichung von den anderen beiden Gleichungen subtrahieren können:

$$\left[\begin{array}{rrr|r}
1 & 1 & 1 & 3 \\
3 & 1 & -2 & 0 \\
2 & -1 & 3 & 1
\end{array}\right]$$

Nun subtrahieren wir das Dreifache der Gleichung (1) von Gleichung (2) und das Doppelte von Gleichung (1) von Gleichung (3):

$$
\begin{array}{ccc|cl}
1 & 1 & 1 & 3 & \\
3 & 1 & -2 & 0 & |-3\cdot(1.\,Zeile) \\
2 & -1 & 3 & 1 & |-2\cdot(1.\,Zeile) \\
\hline
1 & 1 & 1 & 3 & \\
0 & -2 & -5 & -9 & \\
0 & -3 & 1 & -5 &
\end{array}
$$

Wir formen jetzt schon Gleichung (2) so um, dass anstelle der -2 der Faktor 1 vor dem y steht, wir teilen also Gleichung (2) durch -2 und erhalten:

$$
\begin{array}{ccc|c}
1 & 1 & 1 & 3 \\
0 & 1 & 5/2 & 9/2 \\
0 & -3 & 1 & -5
\end{array}
$$

Als nächstes addieren wir das dreifache von Gleichung (2) auf Gleichung (3), um den y-Anteil aus Gleichung (3) zu eliminieren:

$$
\begin{array}{ccc|cl}
1 & 1 & 1 & 3 & \\
0 & 1 & 5/2 & 9/2 & \\
0 & -3 & 1 & -5 & |+3\cdot(2.\,Zeile) \\
\hline
1 & 1 & 1 & 3 & \\
0 & 1 & 5/2 & 9/2 & \\
0 & 0 & 17/2 & 17/2 & |:17/2 \\
\hline
1 & 1 & 1 & 3 & \\
0 & 1 & 5/2 & 9/2 & \\
0 & 0 & 1 & 1 &
\end{array}
$$

Nachdem wir Gleichung (3) nach z umgeformt haben, setzen wir $z = 1$ in (2) ein und berechnen y:

$$
\begin{array}{ccc|c}
1 & 1 & 1 & 3 \\
0 & 1 & 0 & 9/2 - 5/2 \\
0 & 0 & 1 & 1
\end{array}
\Rightarrow
\begin{array}{ccc|c}
1 & 1 & 1 & 3 \\
0 & 1 & 0 & 2 \\
0 & 0 & 1 & 1
\end{array}
$$

Die verbleibende Unbekannte x bestimmen wir, in dem wir $z = 1$ und $y = 2$ in Gleichung (1) einsetzen:

$$
\begin{array}{ccc|c}
1 & 0 & 0 & 3-2-1 \\
0 & 1 & 0 & 2 \\
0 & 0 & 1 & 1
\end{array}
\Rightarrow
\begin{array}{ccc|c}
1 & 0 & 0 & 0 \\
0 & 1 & 0 & 2 \\
0 & 0 & 1 & 1
\end{array}
\Rightarrow
\begin{array}{l}
x = 0 \\
y = 2 \\
z = 1
\end{array}
$$

Bei dem Gaußschen Eliminationsverfahren fällt die besondere Form von ausschließlich **Einsen auf der Diagonalen** und sonst nur **Nullen auf der linken Seite** auf. Am Ende des Verfahrens bleibt stets ein solches Muster stehen. Ist dies nicht der Fall, kann es sein, dass du entweder noch nicht fertig bist, oder das

LGS über-/unterbestimmt ist. Das bedeutet, du hast mehr Gleichungen als Unbekannte (überbestimmt) oder mehr Unbekannte als Gleichungen (unterbestimmt) gegeben.

Aufgaben

A.2.2.5. Löse die LGS mit Hilfe des Gauß-Algorithmus.

a) $3x + 4y - 2z = 3$

$\qquad 7x - 2y = 3z + 4y - z + 27$

$\qquad x + y + z - 1 = -x - y - 3z + 5$

b) $5x - 4y + 3z = 7z + 2$

$\qquad 2y + 7z = 9$

$\qquad 3 - x + 11z = 2y$

2.3 Über-/Unterbestimmte LGS

Bislang haben wir uns nur Gleichungssysteme angeschaut, die genauso viele **Variablen** wie **Gleichungen** haben. Allerdings sind zwei weitere Fälle möglich:

Über-/Unterbestimmte LGS

Überbestimmtes LGS

Ein LGS ist genau dann überbestimmt, wenn mehr Gleichungen als Variablen gegeben sind.

Beispiel 1:

(1) $\quad x + y = 5$

(2) $\quad x - 2y = 2$

(3) $\quad 5x + 3y = 23$

Lösung mittels der ersten beiden Gleichungen liefert: $x = 4$ und $y = 1$. Anschließend überprüfen wir das Ergebnis anhand der dritten Gleichung:

(3) $\quad 5 \cdot 4 + 3 \cdot 1 = 23$ ✓

Das Ergebnis ist korrekt und hat damit eine eindeutige Lösung.

Beispiel 2:

(1) $\quad 2x - y = 11$

(2) $\quad x + y = 10$

(3) $\quad 3x + 4y = 24$

Lösung mittels der ersten beiden Gleichungen liefert: $x = 7$ und $y = 3$. Anschließend überprüfen wir das Ergebnis anhand der dritten Gleichung:

(3) $\quad 3 \cdot 7 + 4 \cdot 3 = 69 \neq 24$ ↯

Das LGS hat damit keine Lösung.

Unterbestimmtes LGS

Ein LGS ist genau dann unterbestimmt, wenn mehr Variablen als Gleichungen gegeben sind.

Beispiel 1:   (1) $x + y + z = 10$

                                (2) $3x - y + 2z = 6$

Wir stellen Gleichung (1) nach x um, erhalten $x = 10 - y - z$ und setzen dies für x in Gleichung (2) ein:

$$
\begin{aligned}
(2)\quad 3 \cdot (10 - y - z) - y + 2z &= 6 \\
\Leftrightarrow \qquad 30 - 3y - 3z - y + 2z &= 6 \qquad |-30 \\
\Leftrightarrow \qquad\qquad\qquad -4y + z &= -24 \qquad |-z\,|:(-4) \\
\Leftrightarrow \qquad\qquad\qquad\qquad y &= 6 - \tfrac{1}{4}z
\end{aligned}
$$

Nun **wählen** wir für z eine beliebige andere Variable ($t \in \mathbb{R}$), sodass wir unser LGS in Abhängigkeit von einer **wählbaren Variable** bestimmt haben:

$$z = t, \quad y = 6 - \frac{1}{4}t, \quad x = 10 - 6 + \frac{1}{4}t - t = 4 - \frac{3}{4}t$$

Beispiel 2:   (1) $x + y + z = 9$

                                (2) $3x + 3y + 3z = 30$

Offensichtlich hat dieses LGS keine Lösung. Denn formen wir Gleichung (2) um, indem wir auf beiden Seiten durch 3 teilen, fällt der Widerspruch direkt auf:

$$x + y + z = 10$$

Dies widerspricht Gleichung (1) und das LGS hat somit keine Lösung.

Aufgaben

A.2.3.1. Löse die folgenden über-/unterbestimmten LGS:

a)
$$
\begin{aligned}
3x + y &= 4 \\
2x + 2y &= 2 \\
5x + y &= 7
\end{aligned}
$$

b)
$$
\begin{aligned}
7x - 2y &= 6 \\
12x + 3y &= 36 \\
3x + 4y &= 25
\end{aligned}
$$

c)
$$
\begin{aligned}
14y - 2x &= 34 \\
3x - 4y &= 51 \\
x + 6y &= 61
\end{aligned}
$$

d)
$$
\begin{aligned}
x + y + z &= 12 \\
4y - 3z + 2x &= 22
\end{aligned}
$$

e)
$$
\begin{aligned}
2x + 3z + 5y &= 4 \\
12z + 8x + 20y &= 20
\end{aligned}
$$

f)
$$
\begin{aligned}
-3x - 39 + 6y &= -18z \\
2x + 3z - 9 &= -y
\end{aligned}
$$

3 Potenzen, Wurzeln und Potenzfunktionen

3.1 Potenzgesetze

Schauen wir uns zuerst die Grundlagen an. Dazu müssen wir erstmal wissen, was Basis, Exponent und Potenz überhaupt sind. Das sehen wir in der nachstehenden Abbildung.

Einstieg

$$\underbrace{x^n}_{\text{Potenz}} = \underbrace{x \cdot x \cdot \ldots \cdot x}_{n\text{-Faktoren}}$$

Basis — Exponent

x^n bedeutet also, dass wir x n-Mal mit sich selbst multiplizieren. Nachdem die Begrifflichkeiten geklärt sind, können wir uns mit den Potenzgesetzen beschäftigen, die du definitiv auswendig kennen solltest.

Potenzgesetze

Potenzen umschreiben

Potenzgesetze:

1) Potenzen mit gleicher Basis multiplizieren: $x^a \cdot x^b = x^{a+b}$

2) Potenzen mit gleicher Basis dividieren: $x^a : x^b = x^{a-b}$

3) Potenzen mit gleichem Exponenten multiplizieren: $x^a \cdot y^a = (x \cdot y)^a$

4) Potenzen mit gleichem Exponenten dividieren: $x^a : y^a = \left(\dfrac{x}{y}\right)^a$

5) Potenzen potenzieren: $(x^a)^b = x^{a \cdot b}$

6) Negative Potenzen: $x^{-a} = \dfrac{1}{x^a}$

3.2 Exponenten als Bruchzahlen (Potenzen und Wurzeln)

Wurzelausdruck
umschreiben

Bisher kennen wir nur die einfache Wurzel oder eventuell auch die dritte Wurzel. Doch anstatt alles mit dem Wurzelzeichen zu schreiben, kann es oft nützlich sein Zahlen in der Potenzschreibweise, also Zahl/Variable + Exponent zu schreiben. In dem unteren Kasten wird ersichtlich, wie die Rechenregeln dafür lauten.

Wurzeln als Potenzen umschreiben

Allgemein:

$$\sqrt[n]{x^a} = x^{\frac{a}{n}}$$

Beispiele:

1) $\sqrt{x} = x^{\frac{1}{2}}$

2) $\sqrt[3]{x} = x^{\frac{1}{3}}$

3) $\sqrt[5]{x^3} = x^{\frac{3}{5}}$

Aufgaben

A.3.2.1. Schreibe folgende Wurzeln als Potenzen:

a) $\sqrt[4]{7x}$ b) $\sqrt[8]{8y}$ c) $\sqrt[5]{x^2}$ d) $\sqrt[5]{z^5}$

e) $\sqrt[10]{\frac{4x}{7}}$ f) $\sqrt[6]{\frac{16}{1024y^4}}$ g) $\sqrt[3]{5x^3 + \frac{7x^3}{3}}$ h) $\sqrt[6]{\frac{1}{x^3}}$

A.3.2.2. Schreibe folgende Potenzen als Wurzeln:

a) $x^{\frac{2}{3}}$ b) $y^{\frac{4}{7}}$ c) $7u^{\frac{7}{8}}$ d) $\left(12x^3\right)^{\frac{1}{2}}$

e) $\left(z^{-\frac{7}{4}}\right)^{\frac{5}{6}}$ f) $\left(0{,}125x^{\frac{2}{3}}\right)^{\frac{5}{2}}$ g) $0{,}8\left(u^{-\frac{8}{7}}\right)^{\frac{7}{8}}$ h) $\left(x^4 \cdot y^{\frac{7}{3}} \cdot z^{\frac{2}{3}}\right)^{\frac{2}{9}}$

3.3 Potenzfunktionen darstellen

Potenz-
funktionen
darstellen

Nun wollen wir uns Potenzen als Funktionen mit den dazugehörigen Graphen genauer anschauen. Betrachten wir hierzu zunächst die allgemeine Funktion $f(x) = x^n$. Das Vorgehen ist dabei nicht anders als wir es bisher von Funktionen kennen. Allerdings müssen wir verschiedene Fälle unterscheiden, da n nicht näher definiert ist. Legen wir also zunächst eine Wertetabelle an:

$$f(x) = x^n, \; n > 1$$

n gerade:	x	−2	−1	0	1	2
	$f(x) = x^2$	4	1	0	1	4
	$g(x) = x^4$	16	1	0	1	16

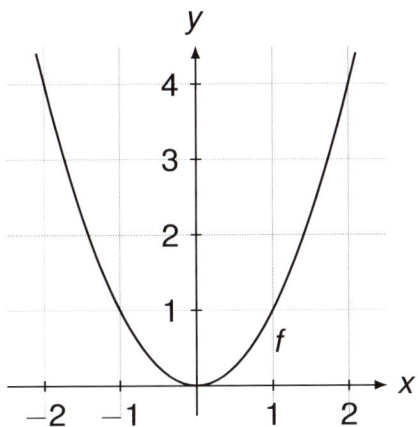 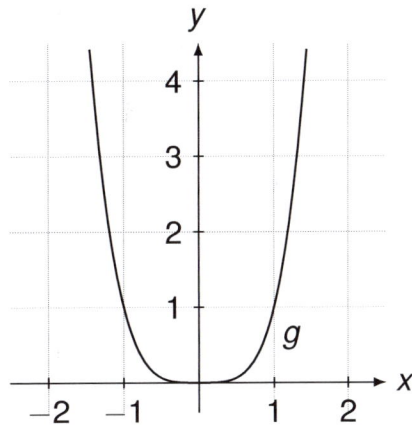

Bei geraden Exponenten $n > 1$ bleibt die typische Parabelform erhalten. Wie sieht das nun bei ungeraden Exponenten aus?

n ungerade:	x	−2	−1	0	1	2
	$h(x) = x^3$	−8	−1	0	1	8
	$i(x) = x^5$	−32	−1	0	1	32

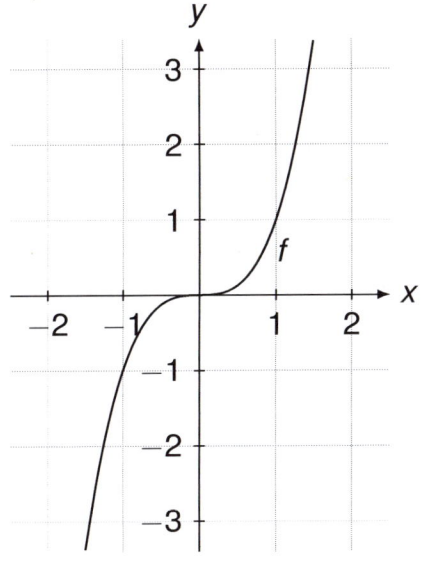 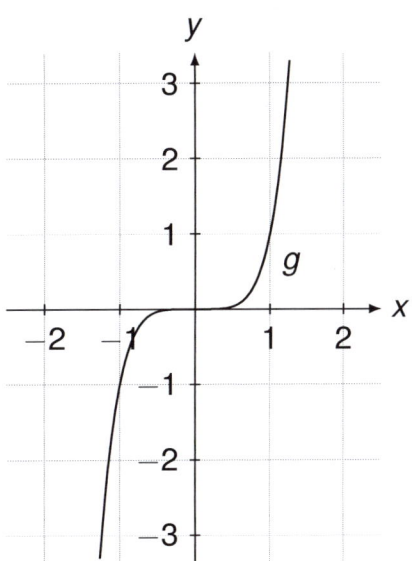

Das Gleiche wollen wir nun noch einmal für $f(x) = x^{-n} = \frac{1}{x^n}$ betrachten:

n negativ:	x	-2	-1	0	1	2
	$f(x) = x^{-2}$	0,25	1	–	1	0,25
	$g(x) = x^{-3}$	$-0,125$	-1	0	1	0,125

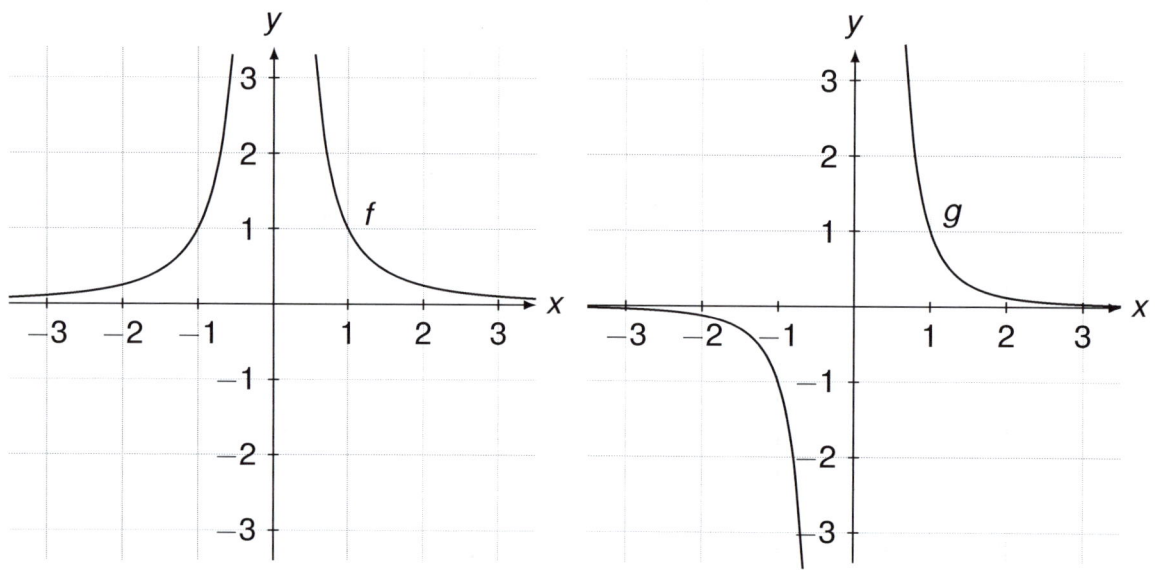

Diese Graphen werden Hyperbeln genannt. Auffällig ist die Definitionslücke bei $x = 0$. Das kommt daher, dass wir nicht durch Null teilen können.

Aufgaben

A.3.3.1. Stelle die folgenden Funktionen graphisch mit Hilfe einer Wertetabelle dar.

a) $f(x) = 3x^3$

b) $g(x) = (1{,}5x)^4$

c) $h(x) = (2x)^{-3}$

d) $i(x) = 3 \cdot \left(4x^{-3}\right)^{-2}$

3.4 Wurzelfunktionen darstellen

Nun betrachten wir drei Wurzelfunktion mit den zugehörigen Graphen.

n negativ:	x	−1	0	1	2	16
	$f(x) = \sqrt{x}$	−	0	1	1,414	4
	$g(x) = \sqrt[4]{x}$	−	0	1	1,189	2
	$h(x) = \sqrt[5]{x}$	−1	0	1	1,149	1,741

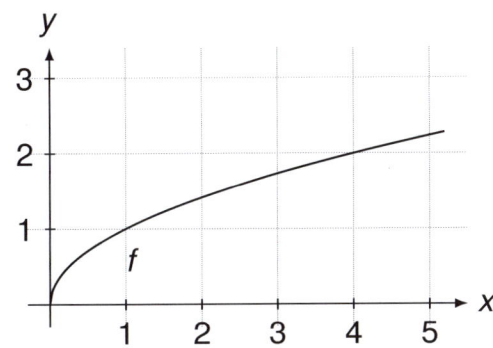
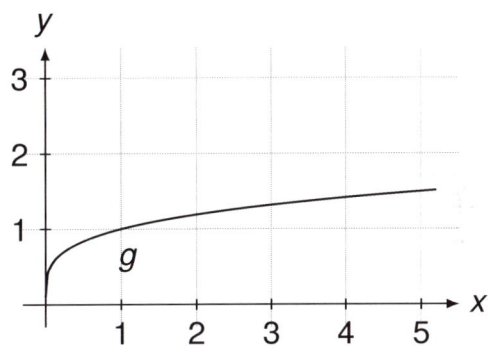

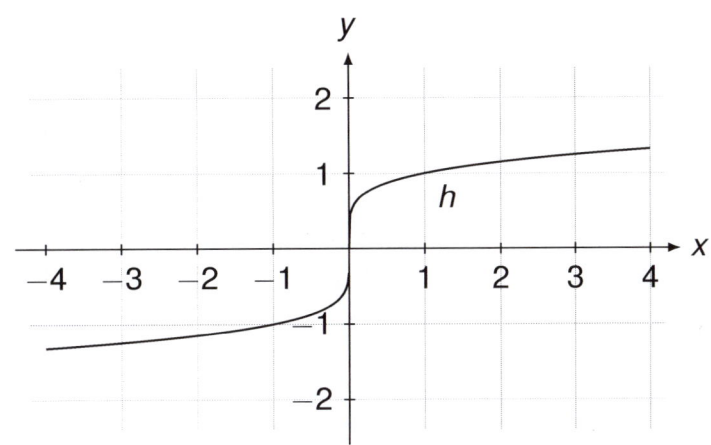

Beim Betrachten der drei Wertetabellen und der Graphen fallen nun insbesondere drei Dinge auf:

1. Je höher die Wurzelordnung, desto flacher verläuft der entsprechende Graph der Funktion.

2. Für Wurzeln gerader Ordnung (zweite, vierte, sechste, etc.) ist der negative Definitions- (*x*-Achse) und der negative Wertebereich (*y*-Achse) nicht mit reellen Zahlen, also allen uns bislang bekannten Zahlen, darstellbar. Denn wie bereits bekannt, können wir keine Wurzel aus negativen Zahlen ziehen.

3. Für Wurzeln ungerader Ordnung (dritte, fünfte, siebte, etc.) existiert sowohl der negative Definitions-, als auch der negative Wertebereich.

Fragen: Warum existiert kein negativer Wertebereich bei Wurzeln gerader Ordnung? Wir wissen, dass

$$(-2)^4 = 2^4 = 16$$

ist, also ist auch: $\sqrt[4]{16} = \pm 2$.

Das Problem ist, dass wir kein eindeutiges Ergebnis erhalten. Deshalb hat man in der Mathematik die Konvention getroffen, das Ergebnis einer Wurzel allgemein als positiv festzulegen. Deswegen existiert der negative Wertebereich (y-Achse) auf unserem Graphen nicht.

Es geht also um mathematische Eindeutigkeit, die in der Anwendung oft nötig ist. Stell dir beispielsweise vor, ein Computer berechnet etwas und kommt zu einer gänzlich falschen Reaktion, da keine Eindeutigkeit gegeben war und somit fälschlicherweise der negative Wert, statt dem positiven Wert angenommen wird.

Warum können wir teilweise doch Wurzeln aus negativen Zahlen ziehen?

Das wird deutlich, wenn wir uns Potenzen mit ungeraden Exponenten anschauen:

$$(-2)^3 = -8 \neq 2^3 = 8$$
$$\sqrt[3]{-8} = -2$$

Anders als bei geraden Exponenten gibt es einen durch das Vorzeichen klar definierten Unterschied zwischen der negativen potenzierten Zahl und der positiven potenzierten Zahl. Bei ungeraden Exponenten bleibt offensichtlich das Vorzeichen erhalten, während wir bei geraden Exponenten immer ein positives Ergebnis erhalten.

Da die Wurzel quasi die Umkehr der Potenz ist, lässt sich also auch das Ergebnis bei Wurzeln ungerader Ordnung genau zurückführen. Denn wie in unserem Beispiel gezeigt, hat $(-2)^3$ nur das eindeutige Ergebnis -8. Also können wir „den selben Weg" über die dritte Wurzel auch wieder zurückgehen.

Aufgaben

A.3.4.1. Erstelle den Graphen der jeweiligen Funktion.

a) $f(x) = \sqrt[3]{3x}$

b) $g(x) = 2 \cdot \sqrt[3]{x^2}$

c) $h(x) = \left(2 \cdot \sqrt[4]{x^4}\right)^2$

d) $i(x) = x^{-\frac{1}{4}}$

3.5 Exponentielles Wachstum/Abnahme

Exponentielles Wachstum lässt sich ebenfalls mittels Potenzfunktionen darstellen, allerdings mit dem Unterschied das nun nicht mehr die Variable potenziert wird, sondern dass die Variable selbst der Exponent ist. Schauen wir uns dazu folgendes Beispiel an.

Exponentielles Wachstum

Exponentielle Abnahme

Beispiel:

Petra hat sich eine 5 cm exotische Pflanze gekauft. Im Internet findet sie die Information, dass diese Pflanze pro Monat um das 1,5-fache ihrer Größe wächst. Nun möchte Petra eine Formel aufstellen, welche das Wachstum ihrer neuen Pflanze beschreibt, um dann die Größe ihrer Pflanze nach einem halben Jahr zu berechnen.

1. Die allgemeine Form lautet

$$a_n = c \cdot a^n,$$

wobei a_n der Wert zum Zeitpunkt n ist. c ist der Startwert und a beschreibt den Wachstumsfaktor.

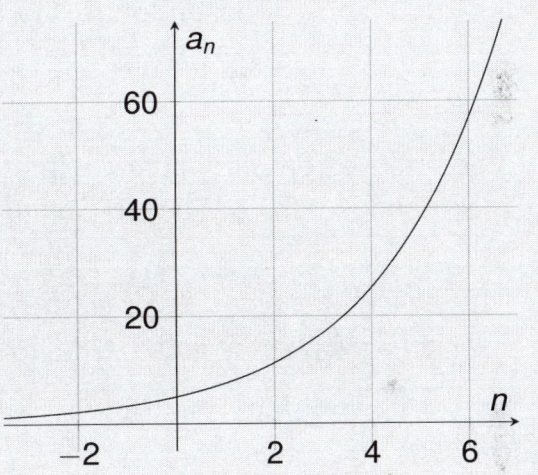

2. Wir setzen unsere Informationen ($c = 5, a = 1,5$) in die allgemeine Form ein und erhalten:

$$a_n = 5 \cdot 1,5^n \text{ [cm]}$$

3. Die obenstehende Formel beschreibt also das Wachstum der Pflanze abhängig von der Monatszahl. Um die Größe der Pflanze nach einem halben Jahr zu bestimmen, setzen wir $n = 6$ für 6 Monate ein:

$$a_6 = 5 \cdot 1,5^6 \approx 56,95 \text{ cm}$$

Petras Pflanze ist also nach einem halben Jahr etwa 56,95 cm hoch.

Beispiel:

In einem sehr heißen Sommer trocknet der Pool von Familie Dunst allmählich aus. Er nimmt dabei um 3% seiner Wassermenge pro Woche ab. Sohn Max möchte berechnen, wie viel Wasser in dem Pool nach 8 Wochen noch drin ist, wenn sich das Wetter nicht ändert. Er weiß, dass sich zum jetzigen Zeitpunkt 8000 Liter in dem Pool befinden.

1. Die allgemeine Form lautet:

$$a_n = c \cdot a^n$$

2. Wir kennen bereits den Startwert $c = 8000$ l. Welchen Wert hat aber nun das a? Da sich die Wassermenge verringert muss unser Wert kleiner 1, also weniger als 100% sein.

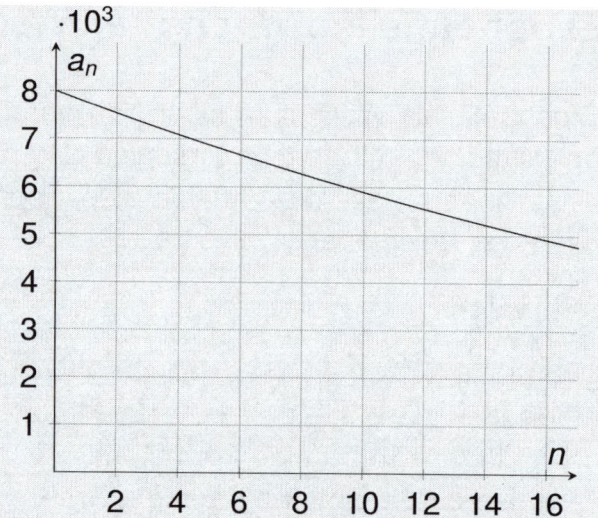

Wenn sich die Wassermenge um 3% verringert, sind nach einer Woche folglich nur noch 97% der Wassermenge im Pool ($a = 1 - 0,03 = 0,97$). Es folgt:

$$a_n = 8000 \cdot 0,97^n \ [l]$$

3. Zuletzt setzen wir noch $n = 8$ in unsere Formel ein, um die gesuchte Wassermenge nach 8 Wochen Sommer zu bestimmen:

$$a_8 = 8000 \cdot 0,97^8 \approx 6269,95 \ l$$

Nach 8 Wochen befinden sich noch circa 6269,95 l Wasser im Pool.

Aufgaben

A.3.5.1. Forscher Markus hat sich eine Bakterienkultur angelegt, welche sich pro Stunde um das 100-fache vermehrt. Er legt die Bakterienkultur zu Beginn mit 20 Bakterien an. Stelle die Formel für die Vermehrung der Bakterien auf und gib an, wie viele Bakterien sich nach 2, 4 und 9 Stunden gebildet haben.

A.3.5.2. Anke hat vor 4 Jahren Geld auf ein Festgeldkonto gezahlt, welches mit 2,5% verzinst wird. Als sie neulich ihren Kontostand überprüfte, befanden sich 4.415,25 Euro auf ihrem Konto. Wie viel Geld hatte Anke ursprünglich auf das Festgeldkonto eingezahlt?

A.3.5.3. Hugo hat starkes Übergewicht und hat seinen 190 kg nun den Kampf angesagt. Mit einer speziellen Stoffwechselkur soll sich sein Gewicht angeblich alle 3 Wochen um 5% verringern.

a) Wie viel wiegt Hugo nach 5 bzw. 10 Wochen?

b) Wie lange muss Hugo die Kur mitmachen um unter 100kg zu wiegen?

4 Trigonometrische Funktionen

Die Trigonometrie vereinfacht uns in vielerlei Hinsicht das Rechnen. Durch die Grundfunktionen Sinus, Kosinus und Tangens haben wir die Möglichkeit, fehlende Winkel oder Seitenlängen zu berechnen. Selbst wenn wir kein rechtwinkliges Dreieck gegeben haben, was die Voraussetzung für diese Funktionen ist, können wir meist doch ein rechtwinkliges Dreieck konstruieren, um die Vorteile der Trigonometrie zu benutzen.

Die Trigonometrie findet nahezu überall Anwendung - ob in der Physik (z.B. wenn Kräfteverteilungen nach Richtungen aufgeteilt werden), in der Elektrotechnik (z.B. Feldrichtungen), im Maschinenbau oder Bauwesen. Die trigonometrischen Funktionen sind absolute Grundlagen in der Mathematik.

Was du bisher kannst und hier anwendest:

- Satz des Pythagoras
- Umgang mit Winkeln
- Grundlagen bei Dreiecken
- Thaleskreis

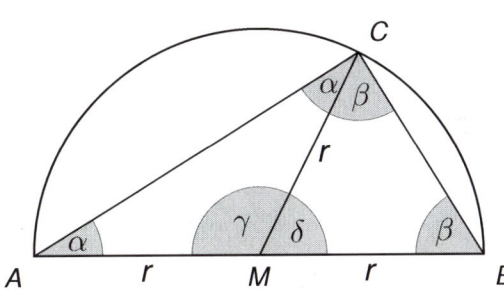

4.1 Konstruktion rechtwinkliger Dreiecke

1. Fall:
Kathete und Hypotenuse geg.

1. Zeichne die Hypotenuse c.

2. Zeichne nun den Thaleskreis um c.

3. Zeichne die gegebene Kathete ein.

4. Ergänze die fehlende Kathete.

2. Fall:
zwei Katheten (a und b) geg.

1. Zeichne die erste Kathete.

2. Zeichne die zweite Kathete ausgehend vom Punkt C im rechten Winkel ein.

3. Verbinde die Katheten nun mit der Hypotenuse c.

Wir schauen uns zum besseren Verständnis ein **Beispiel** an. Konstruiere das rechtwinklige Dreieck mit den gegebenen Werten $c = 7$ cm (Hypotenuse) und $a = 4$ cm (Kathete).

1. Wir zeichnen die Hypotenuse c ein:

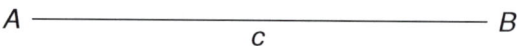

2. Nun zeichnen wir den Thaleskreis:

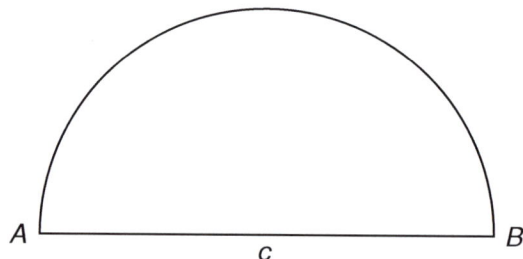

3. Als nächstes tragen wir die Kathete a vom Punkt B bis auf den Thaleskreis ein:

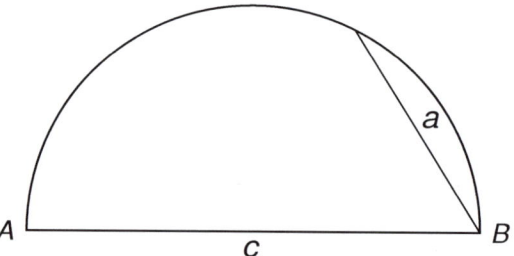

4. Schließlich ergänzen wir die fehlende Kathete:

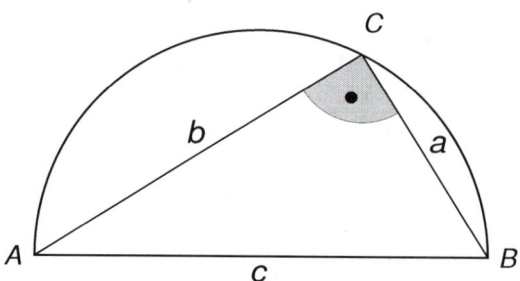

4.2 Konstruktion durch Pythagoras

Sehr viel schneller ist der rechnerische Weg über den Satz des Pythagoras. Wir erinnern uns:

Satz des Pythagoras

> **Satz des Pythagoras:** $a^2 + b^2 = c^2$

In unserem Beispiel oben würden wir für die Kathete b also folgendes errechnen:

$$(4\text{ cm})^2 + b^2 = (7\text{ cm})^2 \qquad | - (4\text{ cm})^2$$

$$\Leftrightarrow \quad b^2 = (7\text{ cm})^2 - (4\text{ cm})^2$$

$$\Leftrightarrow \quad b^2 = 33\text{ cm}^2 \qquad | \sqrt{}$$

$$\Rightarrow \quad b \approx 5{,}74\text{ cm} \qquad \text{(nur pos. Ergebnis interessant)}$$

Somit sparen wir uns die aufwendige Zeichenarbeit und können die Katheten direkt im 90° Winkel zueinander zeichnen und mit der Hypotenuse c verbinden.

Aufgaben

A.4.2.1. Konstruiere folgende Dreiecke mit Hilfe des Thaleskreises.

a) $c = 10$ cm, $b = 6$ cm   b) $c = 9$ cm, $a = 2$ cm   c) $b = 4$ cm, $c = 5$ cm

A.4.2.2. Konstruiere folgende Dreiecke mit Hilfe des Satz des Pythagoras.

a) $c = 5$ cm, $a = 2$ cm   b) $c = 14$ cm, $b = 7$ cm   c) $c = 8$ cm, $b = 3$ cm

4.3 Die drei trigonometrischen Grundfunktionen

Die wohl bekanntesten und elementarsten Funktionen der Trigonometrie sind der Sinus, Kosinus (oft auch Cosinus geschrieben) und Tangens (sowie deren Umkehrfunktionen).

im rechtwinkligen Dreieck

- **Sinus:** $\sin(\alpha) = \dfrac{\text{Gegenkathete}}{\text{Hypotenuse}}$

- **Kosinus:** $\cos(\alpha) = \dfrac{\text{Ankathete}}{\text{Hypotenuse}}$

- **Tangens:** $\tan(\alpha) = \dfrac{\text{Gegenkathete}}{\text{Ankathete}} = \dfrac{\sin(\alpha)}{\cos(\alpha)}$

Tipp zum Merken!

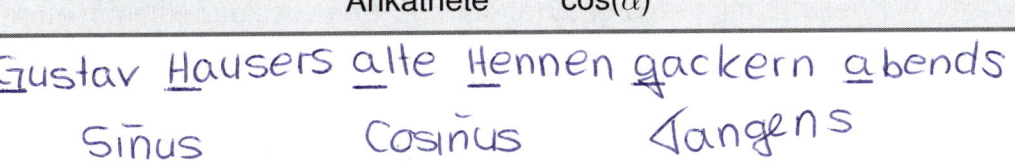

Gustav Hausers alte Hennen gackern abends
Sinus   Cosinus   Tangens

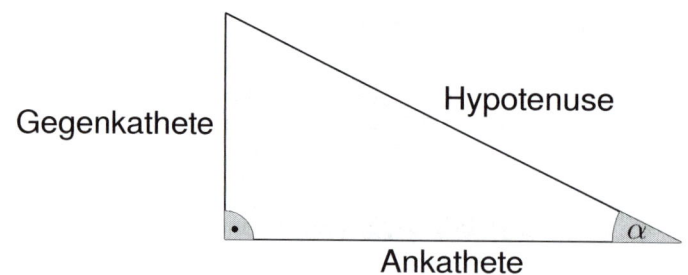

Mit Hilfe der obigen Zusammenhänge ergibt sich der Vorteil, dass wir nicht mehr von zwei Seitenlängen abhängig sind, um die fehlende Seite zu bestimmen, wie es bei dem Satz des Pythagoras der Fall ist. Es reicht, wenn wir einen Winkel und eine beliebige Seitenlänge des rechtwinkligen Dreiecks kennen .

Über die Umkehrfunktionen des Sinus, Kosinus und Tangens (arcsin, arccos, arctan bzw. $\sin^{-1}$, $\cos^{-1}$, $\tan^{-1}$) können wir auch die Winkel des Dreiecks berechnen, solange wir zwei Informationen haben. Das können zwei Seitenlängen oder auch eine Seitenlänge und ein Winkel sein.

Schauen wir uns dazu einige Beispiele an:

Beispiel: Berechne die Hypotenuse c und die Gegenkathete a.
Gegeben: Ankathete $b = 4$ cm, Winkel $\alpha = 30°$

Wir haben die Informationen Ankathete und Winkel, also nutzen wir den Kosinus, um die Hypotenuse zu bestimmen:

$$\cos(30°) = \frac{4}{c} \Leftrightarrow c = \frac{4}{\cos(30°)} = \frac{8 \cdot \sqrt{3}}{3} \approx 4{,}62 \ [cm]$$

Die Gegenkathete können wir nun sowohl über den Tangens als auch über den Sinus bestimmen:

$$\tan(30°) = \frac{a}{4} \Leftrightarrow a = 4 \cdot \tan(30°) = \frac{4 \cdot \sqrt{3}}{3} \approx 2{,}31 \ [cm] \quad \text{oder}$$

$$\sin(30°) = \frac{a}{\frac{8 \cdot \sqrt{3}}{3}} \Leftrightarrow a = \frac{8 \cdot \sqrt{3}}{3} \cdot \sin(30°) = \frac{4 \cdot \sqrt{3}}{3} \approx 2{,}31 \ [cm]$$

Beispiel: Berechne den Winkel α.
Gegeben: Gegenkathete $a = 4$ cm, Hypotenuse $c = 8$ cm

Wir haben die Informationen Gegenkathete und Hypotenuse, also nutzen wir den Sinus, um den gesuchten Winkel zu bestimmen:

$$\sin(\alpha) = \frac{4}{8} = \frac{1}{2} \Leftrightarrow \alpha = \sin^{-1}\left(\frac{1}{2}\right) = 60°$$

Jetzt haben wir gelernt, mit den drei trigonometrischen Grundfunktionen zu rechnen. Doch wie genau sehen die Funktionen aus? Oft macht es Sinn, sich den Verlauf einer Funktion anzuschauen. Auf diese Weise werden unklare Zusammenhänge häufig deutlicher.

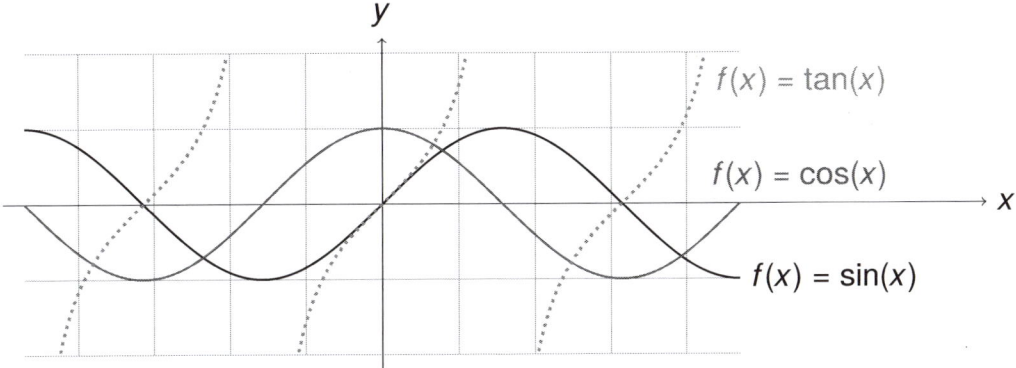

Aufgaben

A.4.3.1 Der Winkel α liegt immer beim Punkt A, während β immer beim Punkt B liegt. Ein rechtwinkeliges Dreieck ist immer so beschriftet wie in dem Kochrezept zur Konstruktion rechtwinkliger Dreiecke dargestellt. In der folgenden Aufgabe sei α immer der Bezugswinkel, das bedeutet falls der Winkel β und die Ankathete a gegeben ist, ist b die Gegenkathete zum Winkel β.

Berechne die fehlende(n) Kathete(n)/Hypotenuse mit Hilfe der trigonometrischen Funktionen.

a) b = 7 cm, $\alpha = 40°$ c) c = 14 cm, $\alpha = 63°$ e) c = 23 cm, $\alpha = 23°$

b) a = 4 cm, $\alpha = 25°$ d) b = 9 cm, $\beta = 36°$ f) a = 4 cm, $\beta = 72°$

4.4 Sinus, Kosinus und Tangens als Vorteil in geometrischen Anordnungen

Jetzt wissen wir, wie mit Sinus, Kosinus und Tangens vorteilhaft gerechnet werden kann und haben schon eine Vorstellung davon, wie die Funktionen graphisch aussehen (dazu später mehr). Allerdings kommen in der Geometrie nicht immer (rechtwinklige) Dreiecke vor. Wie können wir also die Vorzüge der Trigonometrie weiter nutzen? Schauen wir uns beispielsweise folgendes Parallelogramm an:

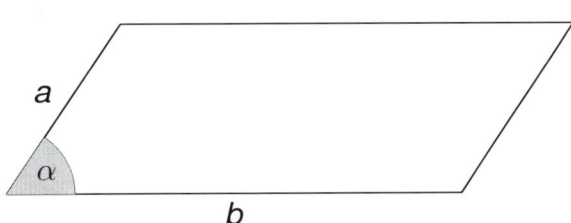

Gegeben sind sowohl die Seitenlängen a und b, als auch der Winkel α. Zu bestimmen sei die Höhe h des Parallelogramms. Bekannt: $a = 4$ cm, $b = 7$ cm, $\alpha = 65°$.

1. Zeichnen wir also die Höhe h in unser Parallelogramm. Dabei zeichnen wir sie so ein, dass wir uns ein rechtwinkliges Dreieck in dem Parallelogramm konstruieren:

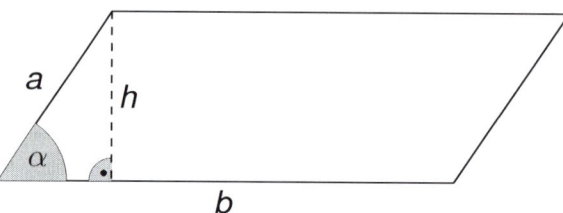

2. Wir erkennen, dass mit den uns gegebenen Größen (Seitenlänge a und Winkel α) die gesuchte Höhe h über den Sinus bestimmt werden kann. Wir wählen den Sinus, da die Höhe h die entsprechende Gegenkathete zum Winkel α darstellt und die Seitenlänge a die Hypotenuse unseres Dreiecks ist. Es gilt:

$$\sin(\alpha) = \frac{h}{a} \iff h = \sin(\alpha) \cdot a = \sin(65°) \cdot 4 \text{ cm} \approx 3{,}63 \text{ cm}$$

Aufgaben

A.4.4.1. Berechne die Höhe h des dargestellten Dreiecks mit Hilfe der trigonometrischen Funktionen.
Bekannt: $f = 5$ cm, $\alpha = 45°$.

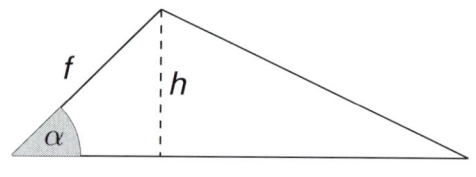

A.4.4.2. Berechne die Höhe h der nebenstehenden Figur durch Verwendung der trigonometrischen Funktionen. Bekannt:

$$f = 25 \text{ cm}$$
$$i = 16{,}31 \text{ cm}$$
$$\alpha = 66{,}84°$$
$$\beta = 36{,}87°$$

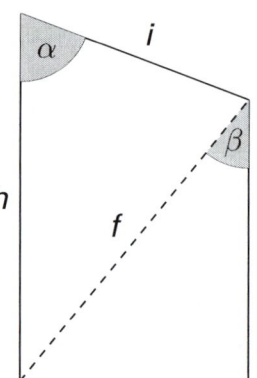

A.4.4.3. Berechne die Winkel α und β.
Bekannt:

f = 3,16 cm

g = 2,24 cm

j = 7 cm

k = 3 cm

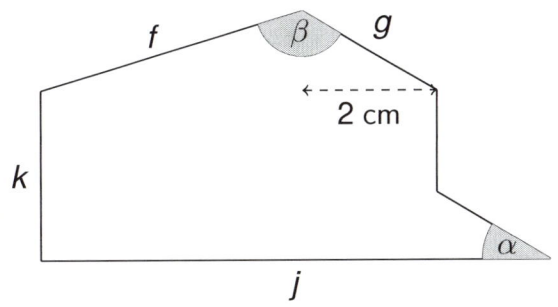

4.5   Periodische Vorgänge

Beim Betrachten der Graphen von Sinus und Kosinus sollten uns einige Dinge auffallen:

1. Die beiden Funktionen wiederholen sich immer wieder, sie sind also periodisch. Eine Periode hat dabei eine Länge von etwa 6,283 oder genauer 2π.

2. Die Funktionen sehen nahezu identisch aus.

    $\Rightarrow$ Tatsächlich sind sie das auch. Der Unterschied besteht bloß darin, dass die Funktionen um eine Viertelperiode zueinander verschoben sind. Diese Verschiebung wird auch Phasenverschiebung genannt.

3. Der höchste Wert der Funktionen, die Amplitude, ist genau 1, während der tiefste Wert -1 beträgt.

> **Motivation:**
>
> Der Sinus bzw. Kosinus ist allgemein sehr nützlich, um sich wiederholende Vorgänge mathematisch zu beschreiben. Beispiele hierfür sind die Zeiger einer Uhr, welche sich in einem bestimmten Takt (Minuten-, Stundentakt) stets wiederholen.
>
> Auch der Tag, von Sonnenaufgang bis Sonnenuntergang und wieder zum nächsten Tag ist ein periodischer Vorgang. Auch in der Technik werden viele Anwendungen durch periodische Abläufe realisiert.

Wir wollen uns nun ein **Beispiel** aus dem Alltag anschauen. Stell dir vor, die unten dargestellten Kreise seien ein Autoreifen (Radius 50 cm), den wir mit einem Punkt M markieren. Sobald wir fahren, wandert der Punkt im Kreis, kommt immer wieder in die gleiche Ausgangsposition zurück und wiederholt diesen Ablauf im Anschluss wieder. Dieser Ablauf ist also ein **periodischer Vorgang**.

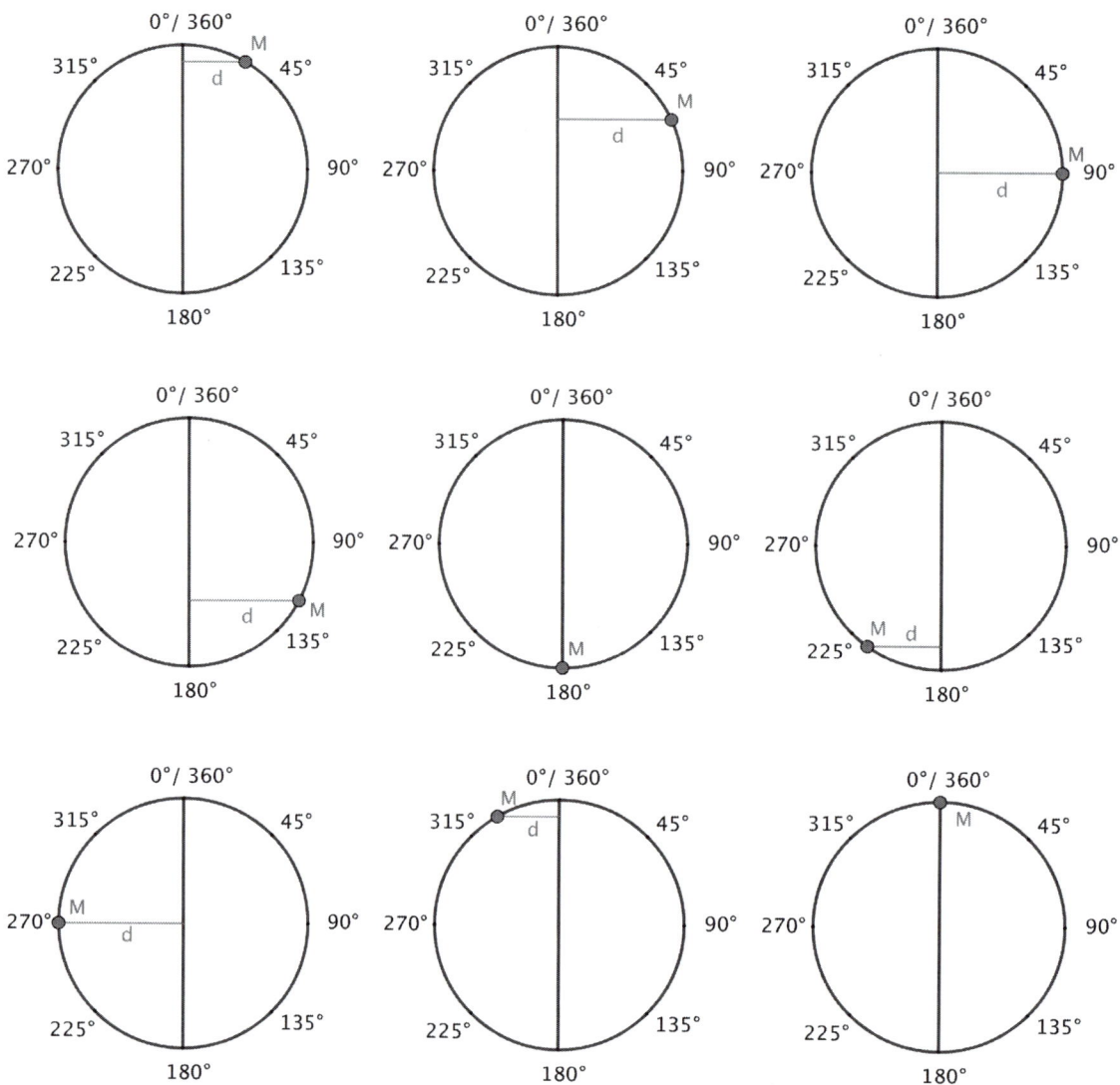

Nun wollen wir uns den Abstand *d* zwischen dem Punkt *M* und der Vertikalen näher anschauen. Es lässt sich beobachten, dass der Abstand bis 90° wächst, dann wieder schrumpft und bei 180° schließlich wieder genau 0cm beträgt. Anschließend wächst der Abstand wieder auf ein Maximum bei 270° in Höhe des Reifenradius und schrumpft dann wieder, bis er bei 0° bzw. 360° genau auf der Vertikalen liegt.

Im Folgenden tragen wir diese Punkte nun in ein Koordinatensystem ein. Dabei ist auf der *x*-Achse die Winkeleinstellung und auf der *y*-Achse der Abstand *d* abzutragen. Weiterhin wird der Abstand *d* in der rechten Kreishälfte auf der positiven *y*-Skala und in der linken Hälfte auf der negativen *y*-Skala abgetragen.

Wir erahnen anhand der folgenden Abbildung, dass sich das Abstandsverhalten unserer Markierung auf dem Reifen zur Vertikalen mit Hilfe des Sinus beschreiben lässt. Im nächsten Schritt verbinden wir also unserer Punkte und sehen unsere Annahme bestätigt.

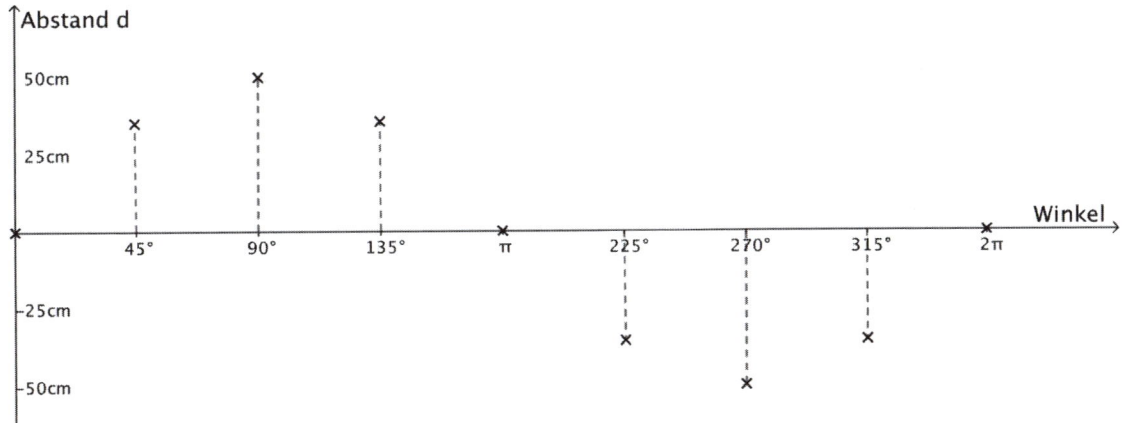

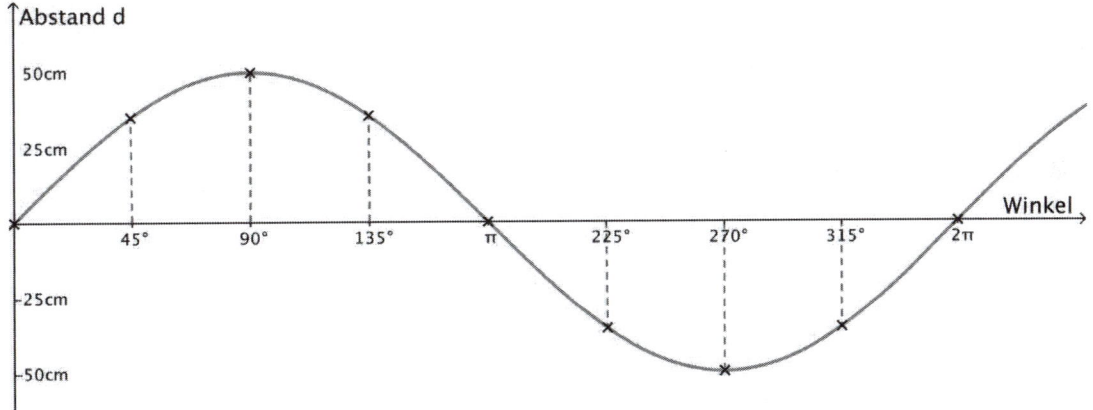

Die formale Funktion hierzu lautet: $d(x) = 50 \cdot \sin(x)$ [cm].

Die Amplitude, also der maximale Abstand, beträgt genau 50 cm, also genau die Länge des Autoradius. Da der Sinus sein Maximum von 1 bei 90° und 270° hat, ergibt die Multiplikation an diesen Stellen genau 50cm, während alle anderen Winkeleinstellungen einen kleineren Radius in der Multiplikation ergeben.

Die Werte für x können wir entweder in Gradzahlen oder im Bogenmaß angeben. Achte darauf, ob du deinen Taschenrechner auf **D** (*Degree*, Grad) oder **R** (*Radiant*, Bogenmaß) eingestellt hast, da du sonst falsche Ergebnisse bekommst, wenn du die Systeme vermischst.

Bogenmaß

Exkurs: Bogenmaß

Während die Gradzahlen von 0° bis 360° genau eine Kreisumdrehung bezeichnen, können wir diese Angaben genauso gut im Bogenmaß von 0 bis 2π ausdrücken.

Die Anwendung des Bogenmaßes kennen wir bereits aus der Berechnung des Kreisumfangs $U = 2 \cdot \pi \cdot r$. Die 2π umfassen hier genau die gesamte Länge des Kreises.

Merken wir uns also folgende Äquivalenzen:

$$90° = \frac{\pi}{2} \qquad 180° = \pi \qquad 360° = 2\pi$$

4.5.1 Weitere periodische Funktionen

Die untenstehenden Graphen stellen zwei weitere periodische Funktionen dar. Im ersten Graphen ist offensichtlich, dass sich bestimmte Funktionsabschnitte bzw. Perioden (die Rechtecke) stets wiederholen.

Auch die zweite Funktion ist periodisch. Allerdings ist zu beachten, dass in diesem Fall das Dreieck mit dem Viereck zusammen als eine Periode betrachtet wird. Denn obwohl sich das Dreieck nicht sofort wiederholt, ist ein klares Schema erkennbar.

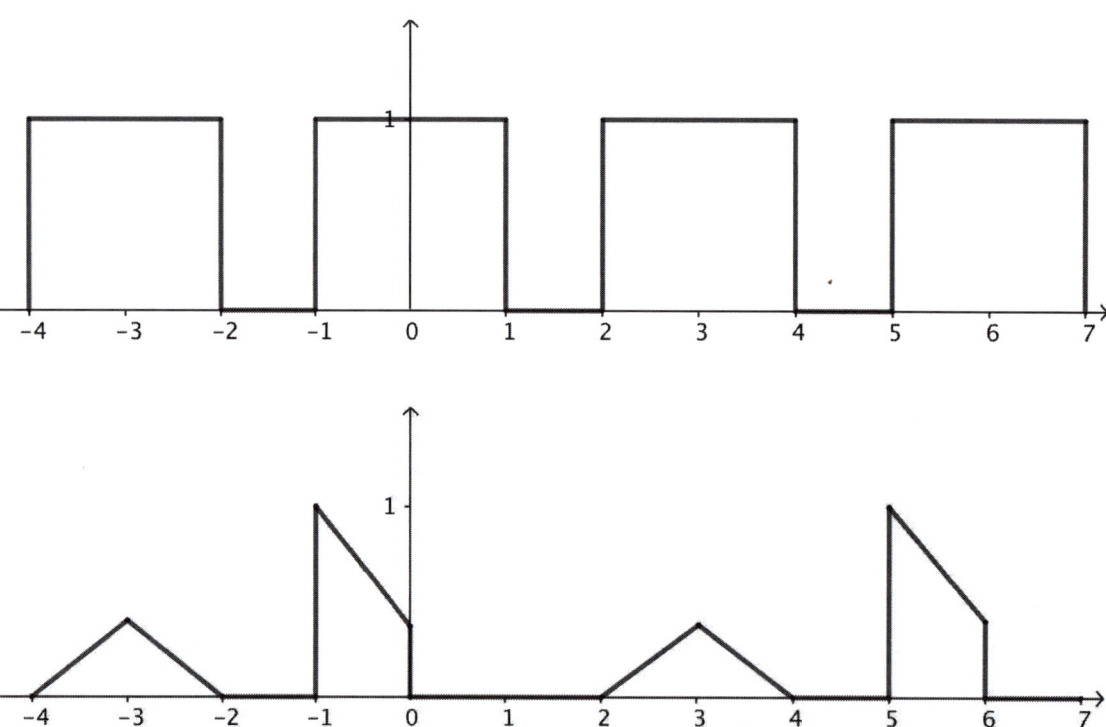

Aufgaben

A.4.5.1. Sind folgende Funktionen periodisch?

a)   b)

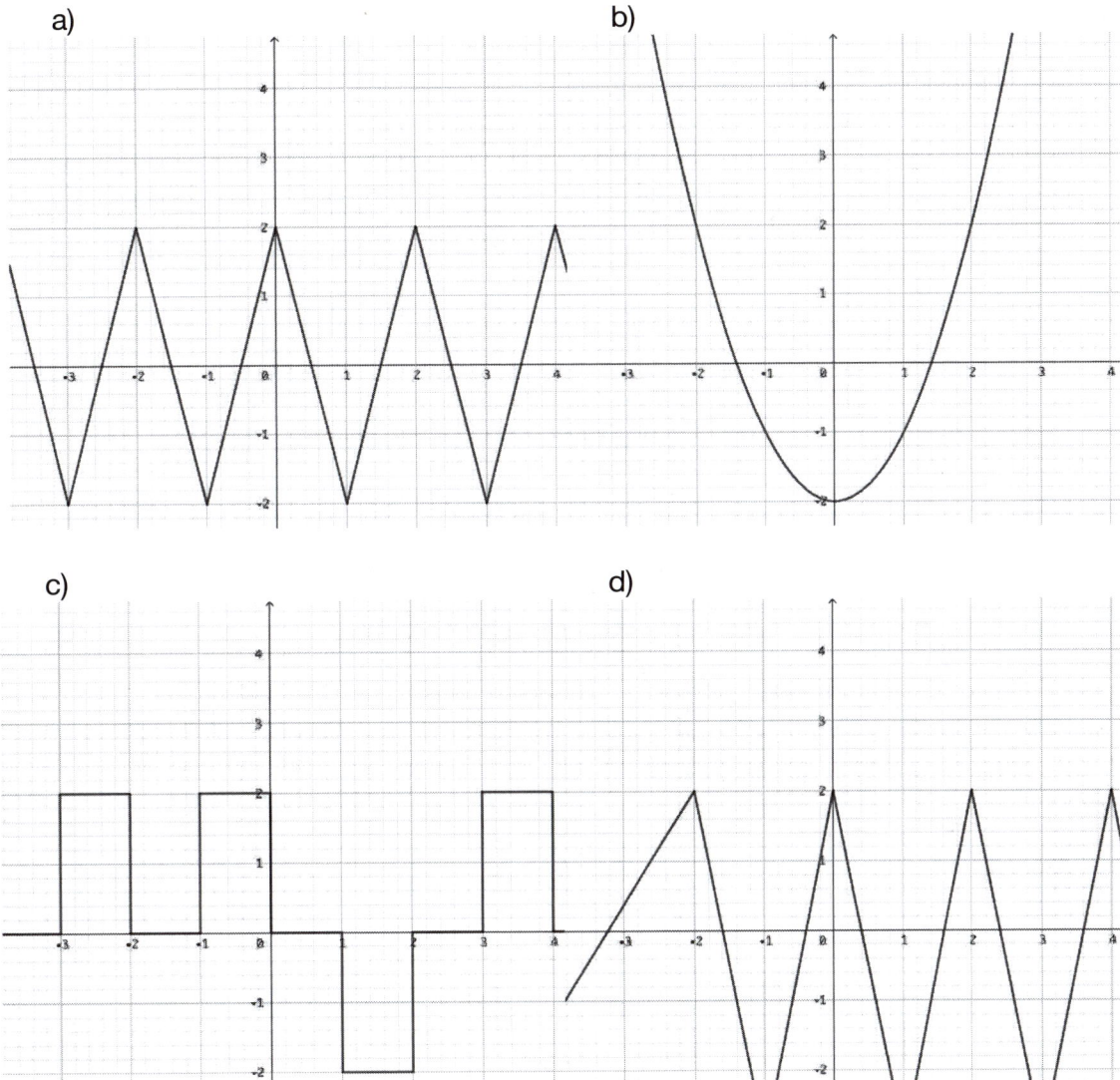

c)   d)

4.6 Sachaufgaben

A.4.6.1. Schwimmer Uwe schwimmt einmal quer zur Strömung zur anderen Seite des Ufers. Die Entfernung von Ufer zu Ufer beträgt 50 Meter. Als er auf der anderen Seite des Ufers ankommt, ist er 12 Meter weit nach unten abgetrieben. In welchem Winkel ist Uwe also zur anderen Seite geschwommen?

A.4.6.2. Richard steht auf dem Schulhof in der Sonne und bemerkt, dass er einen langen Schatten wirft. Erst gestern hat Richard gemessen, dass er 1,67 m groß ist. Die Sonnenstrahlen treffen im Moment in einem Winkel von 11,8° auf die Erde. Wie lang ist Richards Schatten? Zeichne zuerst eine Skizze.

A.4.6.3. Hobbyschütze Ole ist wie jeden Sonntag auf dem Schießplatz. Dieses Mal will er auf 200 Meter Entfernung auf die Zielscheibe mit einem Durchmesser von 1,30 Meter schießen. Beim Zielen auf den Mittelpunkt weicht er um 0,2° nach oben ab.

   a) Trifft er dennoch die Zielscheibe?

   b) Wenn ja, wie viele Zentimeter über dem Mittelpunkt?

   c) Um wie viele Millimeter hat sich die Schusslänge bis zur Zielscheibe dadurch verlängert? Falls Ole nicht getroffen hat, rechne mit einer größeren Zielscheibe, sodass Ole getroffen hätte.

5 Formeln anwenden

Durch das Anwenden von Formeln erleichtern wir uns das Rechnen um ein Vielfaches. Denn jedes Mal alle Zusammenhänge herzuleiten dauert einfach zu lange. Bisher haben wir auch schon viel mit Formeln gerechnet: Binomische Formeln, *pq*-Formel, Flächeninhalt von Dreiecken und vieles mehr.

In diesem Kapitel schauen wir uns vor allem an, wie wir Formeln nutzen, umstellen und verknüpfen können, um fehlende Größen zu berechnen.

5.1 Formeln aufstellen

Als erstes sollten wir lernen, Formeln überhaupt aufzustellen. Meistens sind die nötigen Informationen dazu im Text gegeben.

Textaufgaben

> **Beispiel**: Bäcker Heinz möchte ausrechnen, wie viel Gewinn er mit seinem Brötchenverkauf pro Tag macht. Hierzu hat er genau aufgeschrieben, welche Kosten jeden Tag anfallen. Die Stromkosten für den Ofen betragen 20 Euro. Pro verkauftem Brötchen erzielt Heinz einen Gewinn von 0,25 Euro.
>
> Stellen wir also eine Formel auf, welche Heinz' Kosten und Einnahmen abbildet. Wir wissen nicht, wie viele Brötchen Heinz verkaufen wird und demnach wissen wir auch nicht, wie viel Gewinn oder Verlust er macht. Also definieren wir:
>
> Anzahl der verkauften Brötchen: x
> Gewinn/Verlust: y
>
> Damit können wir schon Heinz' Umsatz, also das was er pro Tag einnimmt, als Formel darstellen: $y_E = 0{,}25 \cdot x$ [Euro].
>
> Verkauft Heinz z.B. $x = 100$ Brötchen, macht er einen Umsatz von $y_E = 25$ Euro. Allerdings haben wir noch nicht beachtet, dass täglich 20 Euro pauschal für Strom anfallen. Diese Information müssen wir noch einbringen, also lautet die fertige Formel (Heinz' Gewinnfunktion):
>
> $$y = 0{,}25 \cdot x - 20 \text{ [Euro]}$$

5.2　Formeln umstellen

Natürlich möchten wir unsere Formel auch nutzen, um weitere interessante Informationen zu ermitteln. Zum Beispiel wie hoch Heinz' Gewinn bei 50 verkauften Brötchen ist oder wann er einen Tagesgewinn von 100 Euro erzielt, etc. Schauen wir hierzu wieder in unser Beispiel.

Fortsetzung Beispiel: Nachdem Heinz die Formel für seine Gewinnberechnung pro Tag kennt, rechnet er gleich los und schaut sich an, welchen Gewinn er bei 10, 50, 100, ... verkauften Brötchen erzielt. Jedoch fragt er sich, wie viele Brötchen er mindestens verkaufen muss, um keinen Verlust zu machen. Was muss Heinz also nun tun?

Tragen wir unsere Informationen zusammen:
Wir kennen bereits die Formel für den Gewinn. Außerdem wissen wir, dass Heinz keinen Verlust machen möchte. Es möchte also mindestens einen Gewinn von 0 Euro erzielen. Es gilt:

$$y = 0 \; [\text{Euro}]$$

Diese Information setzen wir in unsere Formel ein und stellen nach x um:

$$0 = 0{,}25 \cdot x - 20 \quad | + 20$$

$$\Leftrightarrow 20 = 0{,}25 \cdot x \quad\quad | : 0{,}25 \; (\text{oder} \cdot 4)$$

$$\Leftrightarrow 80 = x$$

Nach dem Verkauf von 80 Brötchen macht Bäcker Heinz keinen Verlust mehr.

Das Ganze funktioniert natürlich auch für Formeln, die bereits bekannt sind. Nehmen wir dazu ein Beispiel aus der Geometrie.

Beispiel: Gegeben sei ein Dreieck mit der Grundseite $g = 5$ cm und dem Flächeninhalt $A = 7{,}5$ cm^2. Welche Höhe h hat das Dreieck?

Wir kennen die Formel für den Flächeninhalt eines Dreiecks. Stellen wir die Formel nach h um und setzen anschließend die gegeben Werte ein, erhalten wir:

$$A = \frac{g \cdot h}{2} \; \Big| \cdot \frac{2}{g} \; \Leftrightarrow \; h = \frac{2 \cdot A}{g} = \frac{2 \cdot 7{,}5}{5} = 3 \; [\text{cm}]$$

5.3 Formeln zusammensetzen/aufteilen

Je komplexer die Problemstellung wird, desto mehr Einzelformeln haben wir meistens, die sich aber alle zusammenführen lassen. Andersherum kann man aus einer Formel mehrere Teilinformationen erhalten. Schauen wir uns hierzu wieder zwei Beispiele an.

LGS aus Text aufstellen

Fortsetzung Beispiel: Bäcker Heinz möchte seine Finanzen genauer betrachten und allgemeine Formeln für die Kosten sowie für den Umsatz aufstellen. Bisher hat er in seinen Berechnungen nirgends die Kosten für die Brötchenzutaten erfasst. Durchschnittlich kostet ihn ein Brötchen 0,07 Euro.

Unsere Gewinnformel hat bereits alle Informationen erfasst. Doch nun wollen wir wissen, wie viel Heinz einnimmt und wie viel er ausgibt.

Kosten:	20 Euro pro Tag (Fixkosten für Ofenbetrieb)
	0,07 Euro pro Brötchen (Zutaten)
Einnahmen:	0,25 + 0,07 = 0,32 Euro pro Brötchen (Verkaufspreis)

Stellen wir nun die Kosten- (K) und Umsatzgleichung (U) auf:

$$K = 0{,}07 \cdot x + 20 \text{ [Euro]}$$
$$U = 0{,}32 \cdot x \text{ [Euro]}$$

Wir sehen nun, dass wenn wir $G = U - K$ rechnen, sich daraus der bereits errechnete Gewinn G ergibt:

$$G = U - K = 0{,}32 \cdot x - (0{,}07 \cdot x + 20) = 0{,}25 \cdot x - 20 \text{ [Euro]}$$

Wir schauen uns noch ein weiteres Beispiel aus der Geometrie an, in dem wir nicht um die Zusammenführung mehrerer Formeln kommen.

Beispiel: Der Flächeninhalt der gegebenen Figur soll berechnet werden. Offensichtlich ergibt sich dieses „Haus" aus einem Quadrat und einem Dreieck. Allerdings müssen wir von der Summe der beiden Formen noch einen Kreis abziehen. Wir schauen uns zunächst die Formeln der Flächeninhalte an und führen diese dann abschließend zusammen:

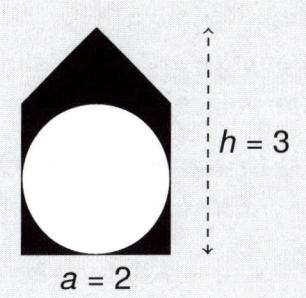

$h = 3$

$a = 2$

Quadrat:	$A_Q = a \cdot a = 2 \cdot 2 = 4$ [FE]
Dreieck:	mit $h = 3 - 2 = 1$ folgt $A_D = \frac{1}{2} \cdot g \cdot h = \frac{1}{2} \cdot a \cdot h = \frac{1}{2} \cdot 2 \cdot 1 = 1$ [FE]
Kreis:	mit $r = \frac{a}{2} = 1$ folgt $A_K = \pi \cdot r^2 = \pi \cdot 1^2 \approx 3{,}14$ [FE]

Der gesuchte Flächeninhalt lautet: $A_{ges.} = A_Q + A_D - A_K = 1{,}86$ [FE]

Aufgaben

A.5.3.1. Peter hat ein neues Getränk erfunden, welches er in 0,5 Liter-Flaschen abfüllen möchte. Allerdings fehlen ihm die nötigen Maschinen, um seine Getränke automatisiert herstellen zu lassen. Dafür mietet sich Peter eine Produktionshalle, welche ihn 3.700 Euro/Monat kostet. Außerdem zahlt er pro Flasche ohne Inhalt 6 Cent. Die Zutaten sowie die Herstellung pro Liter kosten ihn 16 Cent. Der Transport und Vertrieb pro Flasche liegt im Schnitt bei 12 Cent. Er verkauft die Flasche zu einem Preis von 2,50 Euro.

a) Stelle eine Funktion auf, welche die Ausgaben von Peter pro [Monat; Jahr] abhängig von allen Kostenfaktoren angibt.

b) Stelle eine Funktion auf, die Peters Umsatz angibt.

c) Benutze deine Ergebnisse aus a) und b) um eine Gewinnfunktion für Peters Geschäft aufzustellen [Monat; Jahr].

d) Ab wie vielen verkauften Flaschen macht Peter tatsächlich Gewinn mit seinem Verkauf [Monat; Jahr]?

A.5.3.2. Jasmin ist abends mit dem Taxi aus der Innenstadt nach Hause gefahren. Bis zu ihr waren es 12 km. Die Taxifahrt dauerte 15 Minuten. Jede Taxifahrt hat eine Grundgebühr von 4 Euro. Darüber hinaus hatte Jasmin in diesem Taxi die Möglichkeit vorher zu entscheiden ob sie entweder nach Zeit oder nach gefahrenen Kilometern bezahlen möchte. Jeder gefahrene Kilometer kostet 1,10 Euro, jede angefangene Minute kostet 0,95 Euro. Jasmin hat sich für die Kilometervariante entschieden.

a) Stelle jeweils eine Funktion für die Taxikosten in Abhängigkeit von der Zeit und in Abhängigkeit von der Entfernung auf.

b) Wie viel hat Jasmin für die Taxifahrt zahlen müssen?

c) Welche Variante ist in Jasmins Fall die kostengünstigere?

6 Körper berechnen

Übersicht

In diesem Kapitel lernen wir, wie man das Volumen verschiedener Körper berechnet. Es ist hilfreich, die Formeln einiger elementarer Körper zu kennen, da sich die meisten Volumen auf diese einfachen Körper zurückführen lassen. Denn oft sind sie eine Zusammensetzung dieser.

So können wir zum Beispiel Häuser meist auf einen Quader + Pyramide zurückführen und so sehr schnell mit den bekannten Formeln deren Volumen berechnen.

Achtung! Wenn du mit Volumen und Oberflächen rechnest, müssen die Werte mit denen du rechnest, immer die gleiche Maßeinheit haben. Also nicht Meter und Zentimeter in eine Formel einsetzen, sondern erst alles in eine sinnvolle gemeinsame Einheit umrechnen.

6.1 Pyramidenstumpf berechnen

Die Volumenformel einer Pyramide ist uns bereits bekannt. Ein quadratischer Pyramidenstumpf ist wie eine quadratische Pyramide, deren Spitze abgeschnitten wurde. Der Pyramidenstumpf besitzt eine quadratische Grundfläche G_1 sowie eine quadratische Schnittfläche G_2 und eine Mantelfläche, die aus vier identischen gleichschenkligen Trapezen besteht.

Beispiel: Gegeben ist der nebenstehende quadratische Pyramidenstumpf mit der Grundfläche G_1, der Schnittfläche G_2 und den Werten $a = 7$ cm, $b = 4$ cm und $h = 5$ cm. Gesucht ist das Volumen des Stumpfes.

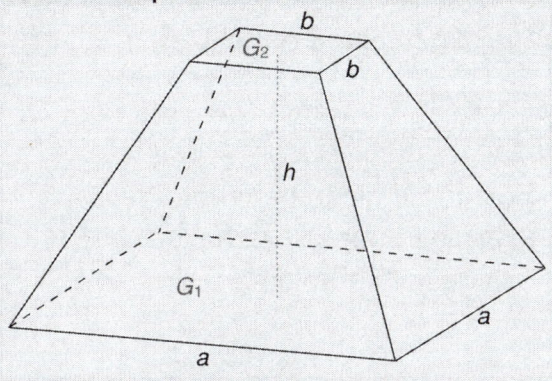

Die allgemeine Formel lautet:

$$V = \frac{h}{3} \cdot \left(G_1 + \sqrt{G_1 \cdot G_2} + G_2 \right)$$

Setzen wir die gegebenen Werte in die Formel ein, erhalten wir das gesuchte Volumen:

$$V = \frac{1}{3} \cdot \left((7\,\text{cm})^2 + \sqrt{(7\,\text{cm})^2 \cdot (4\,\text{cm})^2} + (4\,\text{cm})^2 \right) = 155 \ \text{cm}^2$$

Über diese Formel haben wir wieder alle Möglichkeiten, eine Unbekannte zu lösen. Denn es können oft Aufgaben gegeben sein, in denen das Volumen bekannt ist und dafür eine andere Größe wie die Höhe oder eine Seitenlänge bestimmt werden soll. Hierzu stellen wir die Volumenformel, die wir nun kennengelernt haben, nach der gesucht Variablen um, wie wir es in dem Kapitel 5 gelernt haben.

Aufgaben

A.6.1.1. Gegeben sei ein Pyramidenstumpf mit Grundseitenlänge des Bodens von a = 10 cm, Grundseitenlänge des Dachstumpfes von b = 6 cm und der Höhe h = 12 cm.

a) Berechne die beiden Grundflächen G_1 und G_2 des Pyramidenstumpfes.

b) Berechne nun mit Hilfe deines Ergebnisses aus a) das Volumen des Körpers.

A.6.1.2. Berechne das Volumen des untenstehenden Körpers. Die Kantenlänge s beträgt 5 cm, die Diagonale d_D beträgt 4 cm und die Grundseite g_B ist 9 cm lang.

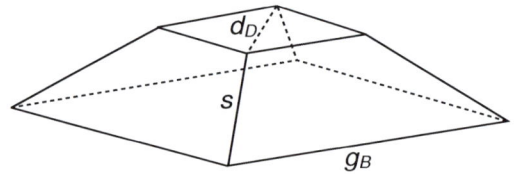

6.2 Kegelstumpf berechnen

Ein Kegelstumpf ist ein Kegel, bei dem die Spitze abgeschnitten wurde. Der Kegelstumpf besitzt neben der für Kegel typischen kreisförmigen Grundfläche auch eine kreisförmige Schnittfläche und eine kürzere Kantenlänge.

Beispiel: Gegeben ist der nebenstehende Kegelstumpf mit der Grundfläche G_1, der Schnittfläche G_2 und den Werten r_1 = 7 cm, r_2 = 4 cm und h = 5 cm. Gesucht ist das Volumen des Stumpfes.

Die allgemeine Formel lautet:

$$V = \frac{h \cdot \pi}{3} \cdot \left(r_1^2 + r_1 \cdot r_2 + r_2^2 \right)$$

Setzen wir die gegebenen Werte in die Formel ein, erhalten wir das gesuchte Volumen:

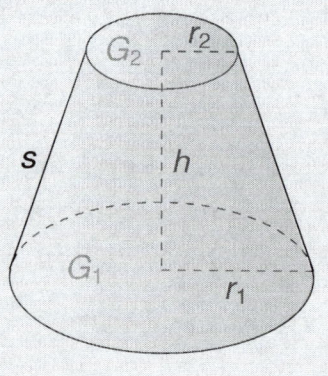

$$V = \frac{5\text{cm} \cdot \pi}{3} \cdot \left((7\text{cm})^2 + 7\text{cm} \cdot 4\text{cm} + (4\text{cm})^2 \right)$$

$$= 486{,}95\text{cm}^3$$

Aufgaben

A.6.2.1. Ein Kegelstumpf hat die Maße r_1 = 10 cm, r_2 = 4 cm und h = 7 cm. Berechne das Volumen des Körpers.

A.6.2.2. Ein Lampenschirm in Form eines Kegelstumpfes hat die Grundflächen G_1 = 706,86 cm² und G_2 = 50,27 cm². Die Seitenschräge s des Schirms beträgt 14 cm.

    a) Berechne die Höhe h, welche den Abstand zwischen den beiden Grundflächen G_1 und G_2 wiedergibt.

    b) Wie groß ist der Raum innerhalb des Lampenschirms?

6.3 Kugel berechnen

Eine Kugel ist ein geometrischer Körper, den wir erhalten, wenn wir einen Kreis um seinen Durchmesser rotieren lassen. Die Kugel hat einen Mittelpunkt M. Alle Punkte der Oberfläche sind vom Mittelpunkt gleich weit entfernt. Der Abstand dieser Punkte vom Mittelpunkt heißt Radius r.

Beispiel: Gegeben ist die nebenstehende Kugel mit dem Radius r = 7 cm. Gesucht ist das Volumen der Kugel.

Die allgemeine Formel lautet:

$$V = \frac{4}{3} \cdot \pi \cdot r^2$$

Setzen wir die gegebenen Werte in die Formel ein, erhalten wir das gesuchte Volumen:

$$V = \frac{4}{3} \cdot \pi \cdot (7 \text{ cm})^2 = 1436,76 \text{ cm}^3$$

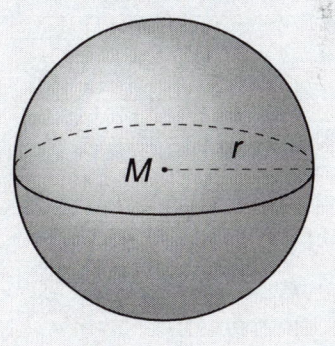

Aufgaben

A.6.3.1. Der Erdradius beträgt im Mittel etwa 6.371 km. Welches Volumen fasst die Erde damit?

A.6.3.2. Ein Ball ist mit 2.572,44 cm³ Wasser gefüllt. Welchen Durchmesser muss dieser Ball folglich haben?

6.4 Volumen zusammengesetzter Körper berechnen

mehrere Körper

Um das Thema Körper abzuschließen, schauen wir uns zuletzt ein Beispiel zweier zusammengesetzter Körper an. Die Vorgehensweise ist sehr einfach: Wir separieren den Körper in die einzelnen Teilkörper, deren Volumen-/Oberflächenformel wir kennen.

Beispiel: Gegeben ist der dargestellte Körper mit den Grundseiten a = 8 m und einer Gesamthöhe h = 11 m. Die Eckkanten des Pyramidenstumpfes sind s = 4 m lang und die Diagonale des „Pyramidendaches" beträgt d = 5 m. Berechne das Volumen des Körpers.

Wir unterteilen unseren Körper in einen Quader mit der Seitenlänge a und unbekannter Höhe h_1, sowie in einen Pyramidenstumpf mit einer Grundseitenlänge a und der Höhe h_2, welche wir ebenfalls nicht kennen. Unsere beiden Formeln, die wir für die Berechnung des Volumens benötigen, lauten:

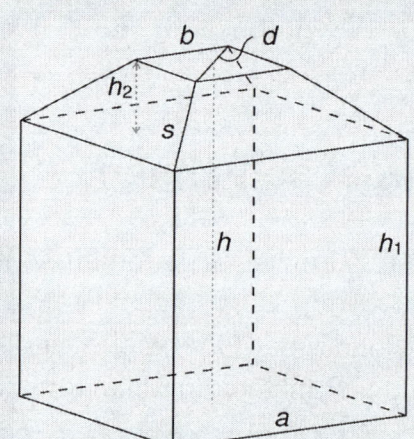

$$V_{\text{Quader}} = a^2 \cdot h_1$$

$$V_{\text{Pyramidenstumpf}} = \frac{h}{3} \cdot \left(G_1 + \sqrt{G_1 \cdot G_2} + G_2 \right) = \frac{h_2}{3} \cdot \left(a^2 + \sqrt{a^2 \cdot b^2} + b^2 \right)$$

Wir definieren die Seite b als die Seitenlänge des Pyramidendaches. Es liegen nun drei Unbekannte vor, die wir berechnen müssen.

Fangen wir dazu mit der Seitenlänge b des Pyramidendaches an. Da die Bodenfläche der Pyramide quadratisch ist, muss auch die Dachfläche des Pyramidenstumpfes quadratisch sein. Mit Hilfe des Satzes des Pythagoras können wir die gesuchte Größe bestimmen:

$$b^2 + b^2 = d^2 \Leftrightarrow 2b^2 = 25\text{m}^2 \Leftrightarrow b^2 = 12{,}5 \text{ m}^2 \Rightarrow b = \sqrt{12{,}5 \text{ m}^2} = 3{,}54 \text{ m}$$

Als nächstes berechnen wir die Höhe h_2. Hierzu benötigen wir zuerst die Diagonale der Pyramidenbodenfläche, welche wir q nennen:

$$q^2 = a^2 + a^2 \Leftrightarrow q^2 = 128 \text{ m}^2 \Rightarrow q = \sqrt{128 \text{ m}^2} = 11{,}31 \text{ m}$$

Visualisieren wir einmal das Dreieck, welches wir aus der Höhe h_2, der Kante s und einem Teilstück der Diagonalen q, welches wir x nennen, erhalten.

Wir können die Höhe erneut über den Pythagoras bestimmen. Zuerst benötigen wir aber unser Teilstück x der Diagonalen q mit

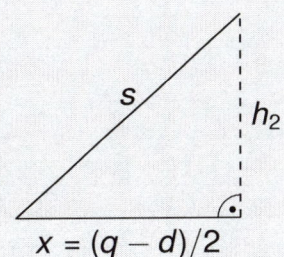

$$x = \frac{q - d}{2} = \frac{11{,}31\,\text{m} - 5\text{m}}{2} = 3{,}155 \text{ m}$$

Damit folgt für die Höhe h_2:

$$s^2 = h_2^2 + x^2 \Leftrightarrow (4\text{m})^2 = h_2^2 + (3{,}155\text{m})^2 \Leftrightarrow h_2^2 = 16\text{m}^2 - 9{,}95\text{m}^2 \Leftrightarrow h_2^2 = 6{,}05\text{m}^2$$

Mit $h_2 = 2{,}46$ m können wir auch h_1 bestimmen:

$$h_1 = 11 \text{ m} - 2{,}46 \text{ m} = 8{,}54 \text{ m}$$

Nachdem wir alle unbekannten Größen bestimmt haben, müssen wir die Werte nur noch in die Volumenformeln einsetzen und haben die Aufgabe gelöst:

$$V_{\text{ges}} = V_{\text{Quader}} + V_{\text{Pyramidenstumpf}}$$

$$= a^2 \cdot h_1 + \frac{h_2}{3} \cdot \left(a^2 + \sqrt{a^2 \cdot b^2} + b^2\right)$$

$$= (8 \text{ m})^2 \cdot 8{,}54 \text{ m} + \frac{2{,}46 \text{ m}}{3} \cdot \left((8 \text{ m})^2 + \sqrt{(8 \text{ m})^2 \cdot (3{,}54 \text{ m})^2} + (3{,}54 \text{ m})^2\right)$$

$$= 546{,}56 \text{ m}^3 + 85{,}92 \text{ m}^3$$

$$= 632{,}48 \text{ m}^3$$

Aufgaben

A.6.4.1. Wir betrachten den zusammengesetzten Körper aus dem obigen Beispiel. Ein Haus soll in dieser Form mit folgenden Daten gebaut werden:
$a = 12$ m, $s = 5$ m, $h = 9$ m und $d = 8$ m.

Allerdings darf das Haus aus rechtlichen Gründen ein Gesamtvolumen von $V = 1.500$ m^3 nicht überschreiten. Überprüfe, ob das Haus gebaut werden darf.

a) Berechne die Grundfläche des Hauses und des Daches.

b) Ermittle die Höhe des Daches.

c) Berechne das Volumen des Hauses und beantworte, ob das Haus gebaut werden darf oder nicht.

Notizen

7 Statistik (Daten)

Daten zu sammeln und auszuwerten ist extrem wichtig, vor allem im heutigen digitalen Zeitalter. In den meisten Berufen muss man regelmäßig mit Daten arbeiten - ob in der Wissenschaft, wo Theorien, Modelle und Wahrscheinlichkeiten durch Daten aufgestellt werden oder in der Wirtschaft, in der gewisse Verhaltensmuster durch Datenauswertung erkannt werden, um diese dann für kundenspezifische Produkte, Werbung, etc. zu nutzen.

Auch in der Schule arbeiten wir schon mit Daten, z.B. bei der Berechnung des Notendurchschnitts innerhalb der Klasse. Alle Noten zusammen bilden einen Datensatz, den man auswerten kann, um verschiedene Informationen daraus zu gewinnen, wie z.B. den Median oder die prozentuale Verteilung der Einsen oder Fünfen. In diesem Kapitel schauen wir uns verschiedene Methoden an, um Daten abzubilden und auszuwerten.

7.1 Diagramme

Als Beispiel für die folgenden Diagrammarten wählen wir ein naheliegendes Beispiel: Die Notenverteilung innerhalb einer Schulklasse. Gegeben sei folgende Notenverteilung der letzten Klassenarbeit in Mathe:

Übersicht

Note	sehr gut	gut	befriedigend	ausreichend	mangelhaft	ungenügend
Anzahl	2	9	9	5	3	1

7.1.1 Kreisdiagramm

Der Vorteil eines Kreisdiagramms besteht darin, dass auf den ersten Blick ein ungefährer Überblick der prozentualen Verteilung der einzelnen Teildaten vermittelt wird. Denn der gesamte Kreis bildet immer die gesamte Menge ab, also 100%. So lässt sich hier auf Anhieb sagen, dass über 50% der Klasse, schätzungsweise ca. 60%, die Note gut oder befriedigend für ihre Klausur bekommen haben.

Kreisdiagramm
zeichnen

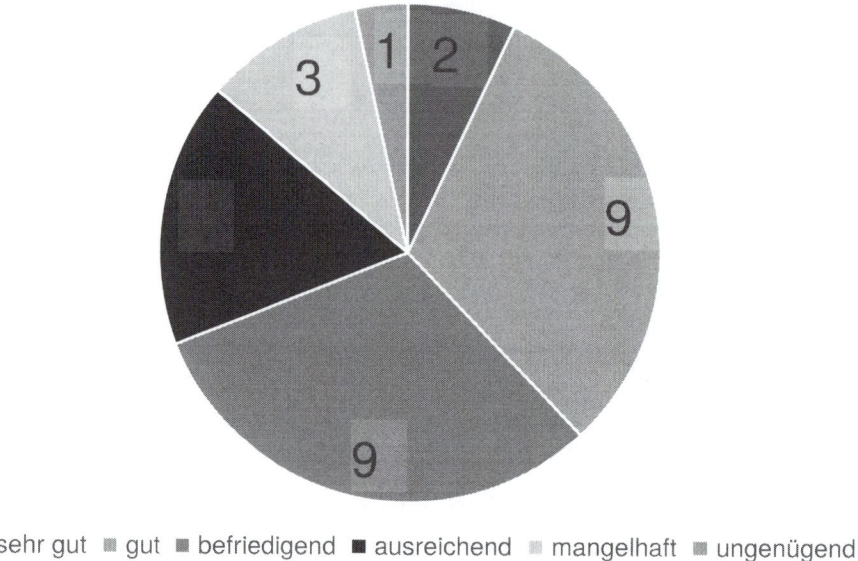

■ sehr gut ■ gut ■ befriedigend ■ ausreichend ■ mangelhaft ■ ungenügend

Wir merken uns also, dass wir ein Kreisdiagramm benutzen, wenn wir uns einen Überblick darüber verschaffen wollen, wie die einzelnen Teildaten unseres Datensatzes bezogen auf die Gesamtmenge verteilt sind.

7.1.2 Streifendiagramm

Das Streifendiagramm ist im Prinzip sehr ähnlich zu dem Kreisdiagramm. Auch hier sehen wir wieder eine ungefähre prozentuale Verteilung der einzelnen Noten. Jedoch ist ersichtlich, dass die prozentuale Verteilung aus dem Kreisdiagramm deutlich besser abzuschätzen ist als aus dem Streifendiagramm. Deswegen findet das Streifendiagramm auch kaum Verwendung in der Realität.

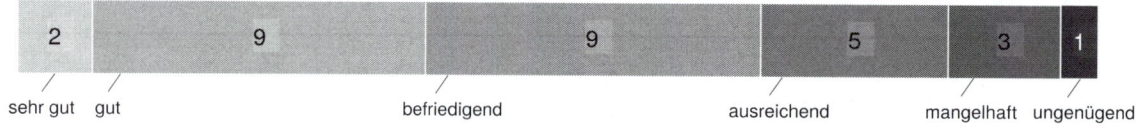

7.1.3 Säulen-/(Stabdiagramm)

Anhand des Säulendiagramms ist die prozentuale Verteilung der Noten nicht mehr direkt ersichtlich. Jedoch sehen wir hier direkt die absoluten Mehrheiten. Das Säulendiagramm macht besonders dann Sinn, wenn wir mehrere Datensätze miteinander vergleichen (gruppiertes Säulendiagramm).

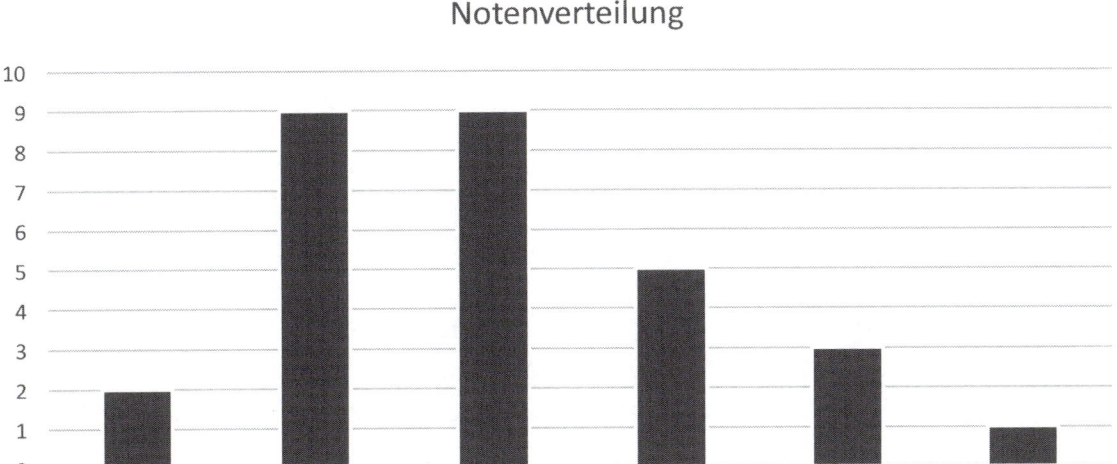

Nehmen wir also noch folgende Notenverteilungen der Parallelkursen dazu:

Note	sehr gut	gut	befriedigend	ausreichend	mangelhaft	ungenügend
Kurs II	1	7	11	5	2	3
Kurs III	4	6	7	3	2	0

Nun können wir direkt die absoluten Anzahlen der einzelnen Noten mit den Parallelkursen vergleichen. Dafür eignen sich diese Diagramme besonders gut. Aber **Achtung**! Auf den ersten Blick fällt nicht auf, dass Kurs III weniger Schüler hat. Würden wir also nur die absolute Anzahl der Zweien vergleichen, würden wir sagen, dass Kurs III wohl der schwächste Kurs ist. Prozentual gesehen hat dieser Kurs allerdings mehr Zweien als Kurs II.

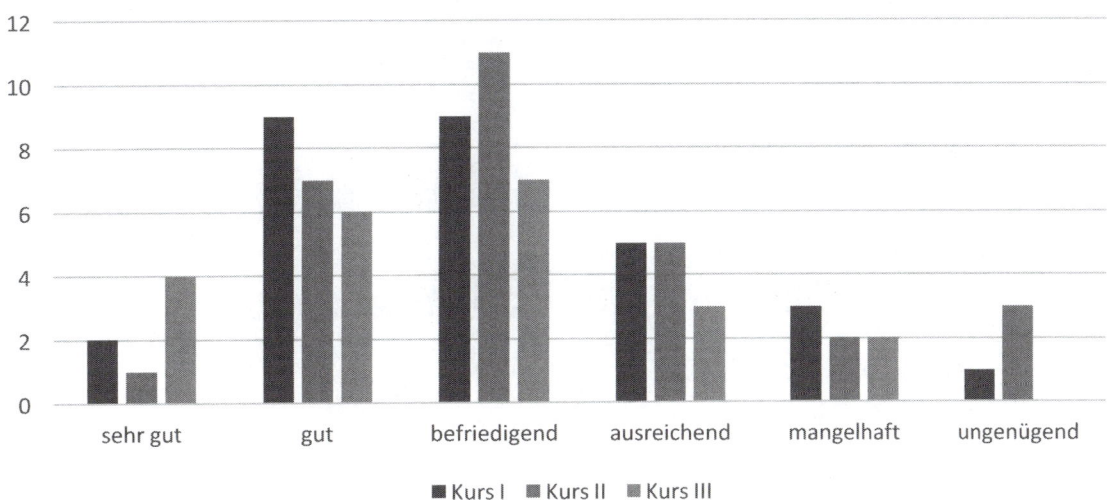

Wir merken uns, dass Säulendiagramme zur Betrachtung der Verteilung der absoluten Werte geeignet sind und besonders zum Vergleich mit anderen Datensätzen genutzt werden. Wir könnten auch prozentuale Angaben als Säulendiagramm darstellen. Dann würden wir sehen, dass Kurs III relativ gesehen mehr Zweien hat als Kurs II. Hierfür müssten wir die entsprechenden relativen Häufigkeiten berechnen und dann eintragen. Um sowohl den prozentualen als auch den absoluten Anteil in einem Diagramm in Säulenform zu erhalten, wird das Histogramm verwendet.

Das Säulendiagramm wird oft genutzt um Entwicklungen über mehrere Jahre zu betrachten, sodass man beispielsweise ein Wachstum oder eine Abnahme feststellen kann (z.B. Umsätze, Neuanmeldungen, Durchfallquoten, etc.).

Ein Stabdiagramm ist ein Säulendiagramm mit mit sehr dünnen Strichen, also keinen Säulen sondern „Stäben".

7.1.4 Balkendiagramm

Der einzige Unterschied eines Balkendiagramms zum Säulendiagramm ist, dass es um 90° gedreht ist. Balkendiagramme eignen sich besonders, wenn viele Daten abgebildet werden und dazu noch lange Achsenbeschriftungen vorliegen.

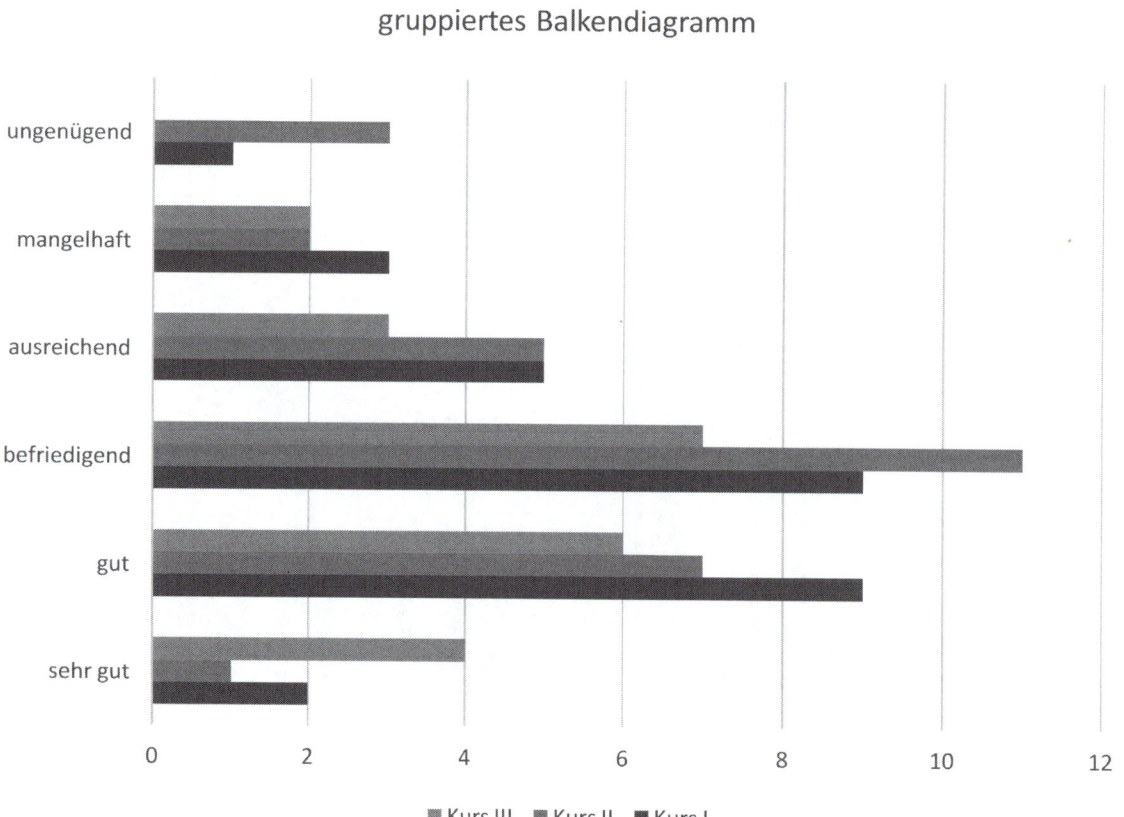

Notenverteilung
gruppiertes Balkendiagramm

Das hier dargestellte Balkendiagramm ist gruppiert. Selbstverständlich gibt es auch einfache, nicht gruppierte Balkendiagramme.

7.1.5 Liniendiagramm

Ein Liniendiagramm verbindet die einzelnen Datenpunkte miteinander, aber offensichtlich gibt dies in unserem Beispiel der Notenverteilung nicht sonderlich viel Aufschluss.

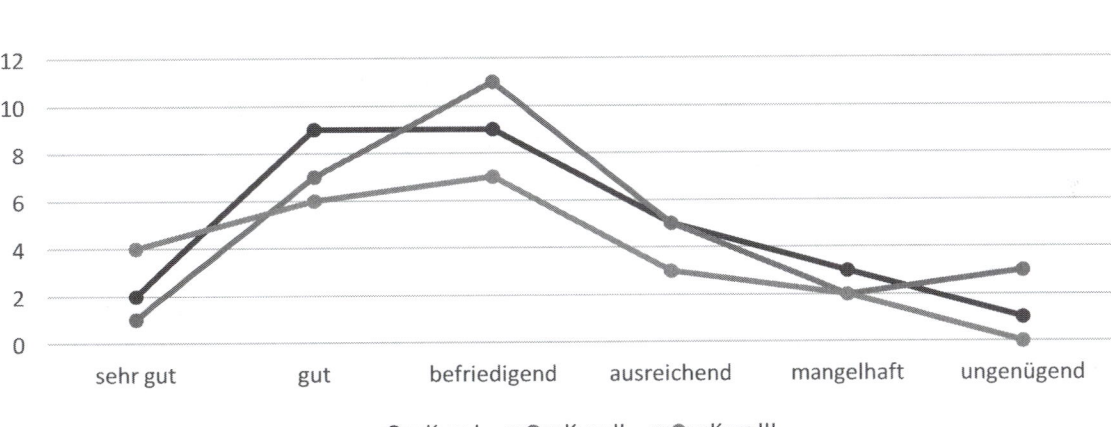

Liniendiagramme eignen sich eher, um Größen über einen Zeitverlauf abzubilden, z.B. die Umsätze und Gewinne einer Firma in einem Jahr. Betrachten wir mal folgendes Liniendiagramm:

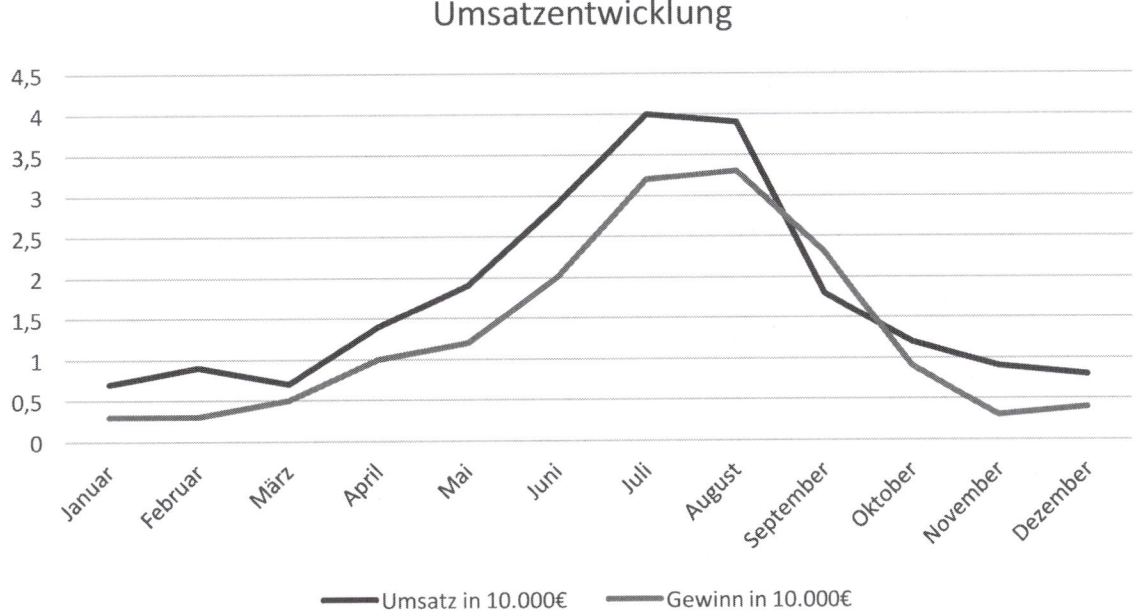

Hier eignet sich das Liniendiagramm sehr gut. Denn wir erkennen, dass die Firma vor allem im Sommer viel Umsatz erwirtschaftet. Das Liniendiagramm eignet sich dafür, Trends oder saisonale Abhängigkeiten zu visualisieren. Sicherlich hast du schon einmal die Entwicklung von Aktien in den Nachrichten gesehen. Meist werden diese auch im Liniendiagramm angezeigt.

7.2 Boxplot

Begriffe

Boxplot
erstellen

Ein Boxplot wird verwendet um statistisch wichtige Werte eines Datensatzes zu erfassen und graphisch darzustellen. Der Boxplot fasst folgende fünf Punkte zusammen:

- Minimum (0%-Quartil)

- Median

- Maximum (100%-Quartil).

- 25%-Quartil

- 75%-Quartil

Kochrezept:

1. Daten der Größte nach sortieren.

2. Median z ermitteln:

Ungerade Anzahl der Messwerte n	Gerade Anzahl der Messwerte n
$z = x_{\frac{n+1}{2}}$	$z = \frac{1}{2} \cdot \left(x_{\frac{n}{2}} + x_{\frac{n}{2}+1} \right)$

3. 25%-Quartil q_u: Median aller Werte, die links vom Median liegen.

4. 75%-Quartil q_o: Median aller Werte, die rechts vom Median liegen.

5. Maximum und Minimum eintragen.

Für ein besseres Verständnis schauen wir uns wieder das Beispiel einer Notenverteilung an und arbeiten das Vorgehen ab.

Note	Sehr gut	Gut	Befriedigend	Ausreichend	Mangelhaft	Ungenügend
Anzahl	2	9	7	4	5	2

1. Wir bringen den Datensatz ein eine sortierte Reihenfolge, welche für den Boxplot benötigt wird:

$$1\ 1\ 2\ 2\ 2\ 2\ 2\ 2\ 2\ 2\ 2\ 3\ 3\ 3\ 3\ 3\ 3\ 3\ 4\ 4\ 4\ 4\ 5\ 5\ 5\ 5\ 5\ 6\ 6$$

Wir haben insgesamt $n = 29$ „Messwerte in geordneter Reihenfolge".

2. Zuerst wollen wir den Median/Zentralwert berechnen. Da 29 eine ungerade Zahl ist, benutzen wir folgende Formel:

$$z = x_{\frac{n+1}{2}} = x_{\frac{29+1}{2}} = x_{15}$$

Der Median ist also der 15. Messwert. Zählt man in der sortierten Messreihe den 15. Messwert ab, finden wir die Note 3 (fett markiert):

1 1 2 2 2 2 2 2 2 2 2 2 3 3 3 **3** 3 3 3 3 4 4 4 4 5 5 5 5 5 6 6

Daraus folgt für den Median: $x_{15} = 3$.

3. Als nächstes berechnen wir das 25%-Quartil, also den Median aller Werte die links neben dem 15. Messwert liegen:

1 1 2 2 2 2 2 2 2 2 2 2 3 3 3

Da 14 Messwerte links neben dem Median liegen (eine gerade Zahl) benutzen wir folgende Formel:

$$z = \frac{1}{2} \cdot \left(x_{\frac{14}{2}} + x_{\frac{14}{2}+1} \right) = \frac{1}{2} \cdot (x_7 + x_8)$$

Der Median dieser Teil-Messreihe, also das 25%-Quartil liegt quasi zwischen dem 7. und 8. Wert (fett markiert):

1 1 2 2 2 2 **2 2** 2 2 2 3 3 3

Daraus folgt für das 25%-Quartil: $q_u = \frac{1}{2} \cdot (2 + 2) = 2$.

4. Das gleiche Vorgehen führen wir noch einmal für das 75%-Quartil durch. Auch hier liegen logischerweise 14 Messwerte rechts neben dem Median. Da wieder 14 Messwerte vorliegen, benötigen wir für den Median die Werte an 7. und 8. Stelle (fett markiert):

3 3 3 4 4 4 **4 5** 5 5 5 5 6 6

Daraus folgt für das 75%-Quartil: $q_o = \frac{1}{2} \cdot (4 + 5) = 4{,}5$.

5. Maximum und Minimum feststellen (fett markiert):

1 1 2 2 2 2 2 2 2 2 2 3 3 3 3 3 3 3 4 4 4 4 5 5 5 5 5 6 **6**

Daraus folgt für das Minimum 1 und das Maximum 6.

Der daraus resultierende Boxplot sieht wie folgt aus:

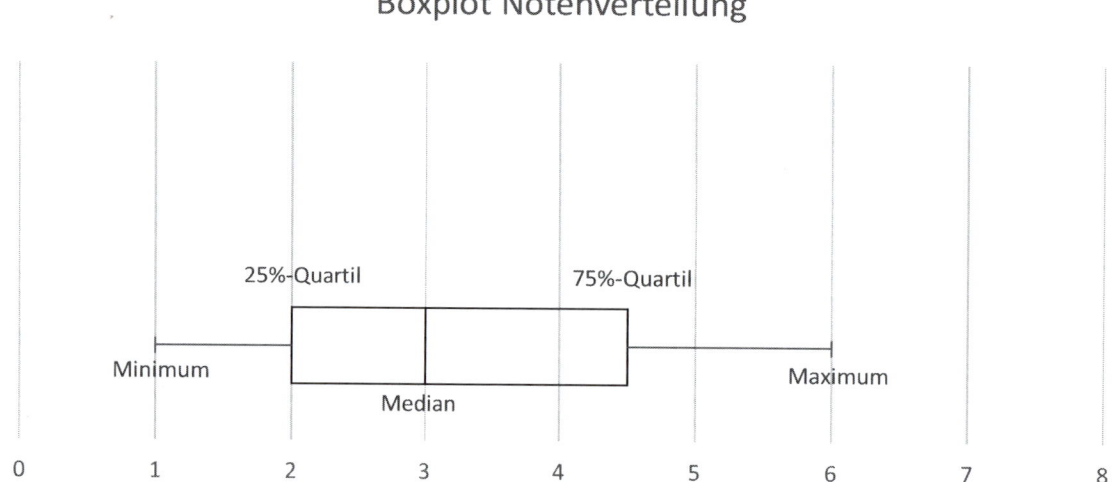

Generell macht der Boxplot eher Sinn für Datensätze mit mehr Ergebnismöglich-keiten. In unserem Beispiel gibt es nur sechs mögliche Ausgänge (sehr gut, gut, befriedigend, ausreichend, mangelhaft, ungenügend). Außerdem sollten minde-stens zehn Messwerte gegeben sein, damit der Boxplot einigermaßen aussage-kräftig ist.

Schauen wir uns einen weiteren Boxplot an und interpretieren diesen:

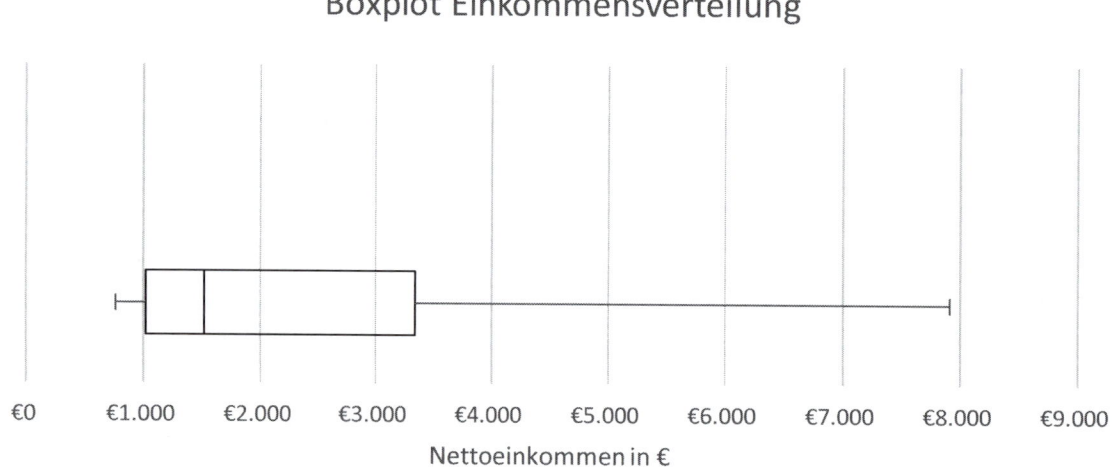

Der dargestellte Boxplot zeigt uns die Einkommensverteilung der Befragten Per-sonen. Zuerst tragen wir die gegebenen Informationen zusammen:

- Minimum (0%-Quartil): ca. 750 Euro

- 25%-Quartil: ca. 1000 Euro

- Median: ca. 1500 Euro

- 75%-Quartil : ca. 3300 Euro

- Maximum (100%-Quartil).: ca. 8000 Euro

Daraus lässt sich nun folgendes interpretieren:

Das geringste Einkommen liegt bei etwa 750 Euro. Offenbar verdient die Hälfte der Befragten Personen maximal 1500 Euro. 75% aller Befragten verdienen bis zu 3300 Euro und das maximale Einkommen liegt bei fast 8000 Euro.

Der Boxplot gibt hier einen deutlichen Überblick, welches Einkommen der Großteil der befragten Menschen etwa verdient. Hier betrachten wir außerdem einen viel größeren Bereich von möglichen Ergebnissen, weshalb der Boxplot sinnvoller angewendet ist als auf eine Notenverteilung. Warum? Bei der Notenverteilung sagt uns der Boxplot lediglich, dass die meisten Schüler eine Note zwischen 2 und 4-5 bekommen haben, was mehr als die Hälfte der überhaupt möglichen Ergebnisse umfasst. Wir haben mit unserer Box die möglichen Ergebnisse nicht einmal um 50% eingrenzen können, während die Box bei der Einkommensverteilung ein kleines Fenster mit einer Spanne von etwas mehr als 2000 Euro eingrenzt. Bezogen auf das maximale Einkommen von fast 8000 Euro entspricht das einer Eingrenzung von 25%.

Extra-Wissen In dem Beispiel der Einkommensverteilung fällt auf, dass die Spanne zwischen dem 75%-Quartil und dem Maximum extrem hoch ist (ca. 4700 Euro). Das bedeutet, dass wir keine aufschlussreiche Aussage über die letzten 25% treffen können. Denn möglicherweise verdienen 99% der übrigen 25% zwischen 5000 Euro - 6000 Euro und nur 1% verdient 8000 Euro.

Um diese „Ausreißer" zu entfernen gibt es den Box-Whisker-Plot, welcher diese Problematik beachtet und den Maximalbereich entsprechend anpasst.

Aufgaben

A.7.2.1. Der Dorf-Fußballverein in Kickhausen hat viele Mitglieder jeden Alters. Nun will der Vorsitzende Rainer sich einen Überblick über die Mitglieder verschaffen und sie nach ihrem Alter ordnen. Er ist die Liste durchgegangen und hat folgende Tabelle aufgestellt:

Geschlecht	6-12 Jahre	13-17 Jahre	18-32 Jahre	über 33 Jahre
Männer	43	41	65	98
Frauen	17	19	13	59

a) Zunächst möchte Rainer sich einen graphischen Überblick darüber verschaffen, wie die absolute Anzahl der weiblichen Mitglieder im Vergleich zu den männlichen aussieht. Welches Diagramm würdest du Rainer empfehlen? Erstelle das von dir gewählte Diagramm.

b) Nun möchte Rainer sich die prozentuale Verteilung der einzelnen Gruppen (Männer und Frauen) anschauen. Berechne zunächst für jede Gruppe getrennt die prozentuale Verteilung der Altersgruppen und stelle diese jeweils für Männer und Frauen in einem geeigneten Diagramm dar.

c) Zuletzt hätte Rainer noch gern ein Diagramm, welches die prozentuale Verteilung aller Mitglieder auf die einzelnen Altersgruppen, ohne Beachtung des Geschlechts, wiedergibt. Erstelle ein geeignetes Diagramm für den Vorsitzenden.

A.7.2.2. Verbinde die Daten mit dem jeweils geeigneten Diagramm.

Aktienkursverlauf	Gruppiertes Balkendiagramm
Torvergleich von vier Mannschaften	Streifendiagramm
Prozentuale Geschlechterverteilung	Liniendiagramm
Altersverteilung	Säulendiagramm
Umsatzverteilung der letzten fünf Jahre in Prozent	Kreisdiagramm

A.7.2.3. Johanna und Felix machen für das örtliche Kino eine Umfrage in der Stadt. Sie fragen die vorbeigehenden Passanten, wie oft sie pro Jahr ins Kino gehen. Folgende Antworten haben die beiden erhalten:

11 7 3 3 7 4 19 10 8 6 4 2 3 4 9 5 5 7 4 5 7 8 3 6 5 3 2 9 15

a) Sortiere die Werte der Größe nach.

b) Ermittle den Median, die Quartile und das Minimum sowie Maximum.

c) Erstelle den Boxplot der Umfrage.

A.7.2.4. Billy Barr aus Gothic, California, einem der kältesten Orte in den Vereinigten Staaten, misst seit über 40 Jahren täglich den Schneefall. Gib die untenstehende Tabelle, welche Auszüge seiner Messungen enthält, in einem Boxplot an.

Jahr	Schneefall in cm	Jahr	Schneefall in cm
1974 – 1975	1073	2006 – 2007	883
1975 – 1976	966	2007 – 2008	1369
1976 – 1977	474	2008 – 2009	1107
1977 – 1978	1387	2009 – 2010	1122
1978 – 1979	1346	2010 – 2011	1492
1979 – 1980	1542	2011 – 2012	640
1980 – 1981	647	2012 – 2013	788
1981 – 1982	1101	2013 – 2014	1177
1982 – 1983	1278	2014 – 2015	852
1983 – 1984	1382	2015 – 2016	837
1984 – 1985	1163	2016 – 2017	990

Notizen

8 Stochastik (Wahrscheinlichkeiten)

Wahrscheinlichkeiten werden in sämtlichen Gebieten gebraucht, um Dinge vorherzusagen oder abschätzen zu können. Dieses Thema behandeln wir direkt im Anschluss zum Thema **Daten**, da Wahrscheinlichkeiten auf Grundlage von bereits bekannten Daten errechnet werden. Beispielsweise beruht die Wettervorhersage genau auf diesen Komponenten. Es werden eine Menge Daten aufgezeichnet, gesammelt und ausgewertet, woraus sich eine Wettervorhersage ergibt. Diese Vorhersage muss zwar nicht zu 100% zutreffen, aber sie ist die wahrscheinlichste Option. Heutzutage treffen die Wettervorhersagen übrigens zu 90-95% (mit einer Schwankung von $\pm 2°C$) zu.

Aber auch in technischen Bereichen spielen Wahrscheinlichkeiten eine wichtige Rolle. So lassen sich beispielsweise bei der Untersuchung von Signalen nach gewisser Zeit Muster und damit Wahrscheinlichkeiten erkennen.

8.1 Mehrstufige Zufallsversuche (Baumdiagramm)

Wir sprechen von einem mehrstufigen Zufallsversuch, wenn der Zufallsversuch aus mehreren Schritten besteht, die für sich selbst auch Zufallsversuche sind.

Wir könnten auch sagen, dass einstufige Zufallsversuche durch mehrmalige Ausführung zu mehrstufigen Zufallsversuchen werden. Zur Veranschaulichung mehrstufiger Zufallsversuche benutzen wir **Baumdiagramme**. In diesem Kapitel schauen wir uns zwei- und dreistufige Zufallsversuche an.

Bevor wir auf die Zufallsversuche eingehen und Wahrscheinlichkeiten bestimmen, müssen wir wissen, wie diese Wahrscheinlichkeiten eines Baumdiagrammes berechnet werden. Das geht mit Hilfe der **Pfadregeln**:

- **1. Pfadregel**: Um die Wahrscheinlichkeit für einen ganz bestimmten Versuchsausgang zu erhalten, müssen die Wahrscheinlichkeiten entlang des jeweiligen Pfades **multipliziert** werden.

- **2. Pfadregel**: Soll die Wahrscheinlichkeit eines Ereignisses, das mehrere Versuchsausgänge umfasst, berechnet werden, müssen die Wahrscheinlichkeiten der einzelnen Versuchsausgänge **addiert** werden.

8.1.1 Zweistufiger Zufallsversuch

mit Zurücklegen

Zweistufige Zufallsversuche sind Versuche mit zwei Versuchsschritten. Die klassischen Beispiele sind hierbei der Münzwurf, wenn man eine Münze nicht einmal, sondern auch noch ein zweites Mal wirft, oder eine Urne mit Kugeln, wenn man zwei Kugeln aus einem Sack hintereinander zieht.

Bleiben wir zunächst bei dem klassischen Münzwurf-Beispiel und schauen uns das dazugehörige Baumdiagramm an. Kopf kürzen wir mit K und Zahl mit Z ab.

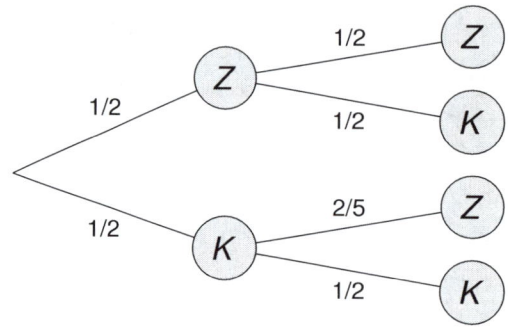

Aus dem Baumdiagramm können wir nun einiges ablesen:

Wir wissen, dass die Chance für Kopf oder Zahl genau gleich hoch ist, also $P(K) = P(Z) = \frac{1}{2}$ = 50%. In der zweiten Ebene haben wir für den nächsten Wurf wieder eine 50%-ige Chance für Kopf oder Zahl. Am Ende des Baumes haben wir unsere Ergebnisse für die vier möglichen Versuchsausgänge, welche durch die erste Pfadregel, also die Multiplikation der Wahrscheinlichkeiten der beiden Stufen, berechnet werden:

1. *Zwei Mal Zahl*: $P(Z,Z) = \frac{1}{2} \cdot \frac{1}{2} = \frac{1}{4}$ = 25%

2. *Zuerst Zahl, dann Kopf*: $P(Z,K) = \frac{1}{2} \cdot \frac{1}{2} = \frac{1}{4}$ = 25%

3. *Zuerst Kopf, dann Zahl*: $P(K,Z) = \frac{1}{2} \cdot \frac{1}{2} = \frac{1}{4}$ = 25%

4. *Zwei Mal Kopf*: $P(K,K) = \frac{1}{2} \cdot \frac{1}{2} = \frac{1}{4}$ = 25%

Addieren wir alle vier Wahrscheinlichkeiten zusammen, kommen wir auf $P(Z,Z) + P(Z,K) + P(K,Z) + P(K,K) = 1$ = 100% und wissen, dass wir damit alle Möglichkeiten abgedeckt haben.

Wichtig bei diesen Aufgabentypen: Immer genau die Aufgabenstellung lesen! Denn wenn z.B. danach gefragt ist, wie hoch die Wahrscheinlichkeit ist, dass zuerst Kopf und dann Zahl geworfen wird, lautet die Antwort $P(K,Z)$ = 25%. Wenn jedoch gefragt wird, wie hoch die Wahrscheinlichkeit für Kopf und Zahl nach zwei Würfen ist, lautet die Antwort $P(Z,K) + P(K,Z) = \frac{1}{4} + \frac{1}{4} = \frac{1}{2}$ = 50%. Warum? Weil wir die Wahrscheinlichkeiten für die Ereignisse 2. (*zuerst Zahl, dann Kopf*) und 3. (*zuerst Kopf, dann Zahl*) gemäß der zweiten Pfadregel addieren müssen.

8.1.2 Dreistufiger Zufallsversuch (ohne Zurücklegen)

Schauen wir uns das Baumdiagramm eines weiteren Beispiels für mehrstufige Zufallsversuche an. In diesem Beispiel nehmen wir einen Beutel mit 7 grünen (G) und 3 blauen (B) Kugeln, aus dem wir drei Mal ohne zurücklegen ziehen. Achtung: Hier ist direkt ein Unterschied zum vorherigen Beispiel des Münzwurfs zu erkennen. Da gezogene Kugeln nicht zurückgelegt werden, ändern sich die Wahrscheinlichkeiten im zweiten Zug.

ohne Zurücklegen

Urnenmodell

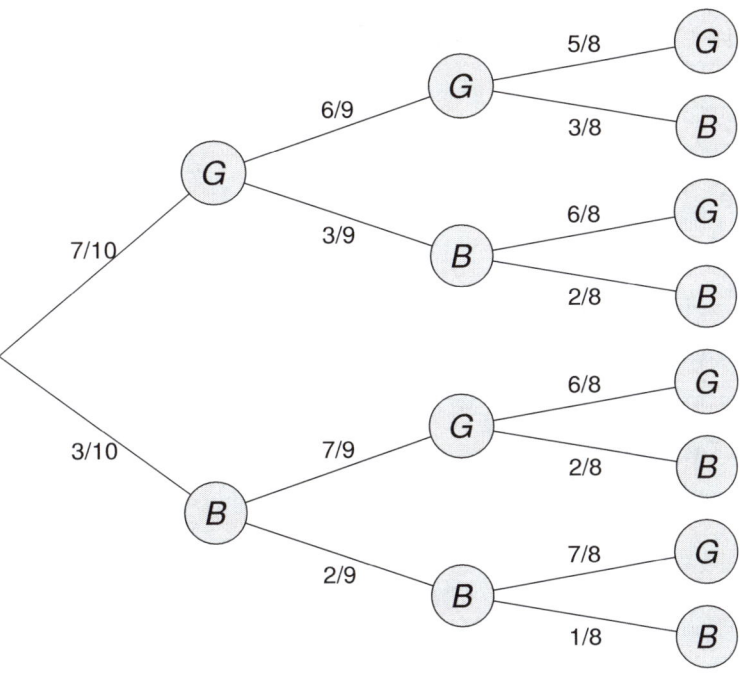

Wir können nun alle Wahrscheinlichkeiten aus unserem Baum bis zum dritten Zug ablesen. Nehmen wir beispielsweise den obersten Pfad:

Wir ziehen aus unserer Gesamtmenge von 10 Kugeln eine grüne. Die Wahrscheinlichkeit für eine grüne Kugel liegt bei $P(G) = 7/10 = 70\%$. Da ohne zurücklegen gezogen wird, ziehen wir beim nächsten Zug nur noch aus der Gesamtmenge von 9 Kugeln. Was bedeutet das? Die Wahrscheinlichkeit, eine blaue Kugel zu ziehen, ist gestiegen ($P(B) = 3/9$) und die Wahrscheinlichkeit, eine grüne Kugel zu ziehen, ist gesunken ($P(G) = 6/9$), da nur noch 6 statt 7 grüne Kugeln im Beutel sind.

Die Wahrscheinlichkeit, in zwei Zügen zwei Mal eine grüne Kugel zu ziehen, liegt bei $P(G, G) = \frac{7}{10} \cdot \frac{6}{9} = 42/90 \approx 47\%$ (1. Pfadregel).

Nun hat sich der Beutel wieder um eine grüne Kugel reduziert, sodass die Wahrscheinlichkeit, im obersten Pfad wieder eine grüne Kugel zu ziehen bei $P(G) = \frac{5}{8}$ liegt. Fragen wir uns nun, wie wahrscheinlich es ist, drei Mal hintereinander eine grüne Kugel zu ziehen, erhalten wir: $P(G, G, G) = \frac{7}{10} \cdot \frac{6}{9} \cdot \frac{5}{8} = \frac{210}{720} \approx 29{,}2\%$.

Mit Hilfe der beiden Pfadregeln können wir jede beliebige Wahrscheinlichkeit bis zur dritten Stufe ablesen.

Überprüfe immer deine Zwischenschritte, indem du die Wahrscheinlichkeiten einer Stufe zusammen addierst, denn diese müssen immer 1 bzw. 100% ergeben!

> **Bei Versuchen ohne zurücklegen verändern sich die Wahrscheinlichkeiten in der nächsten Stufe, da das gezogene Objekt nun nicht mehr in der Gesamtmenge an Möglichkeiten existiert und somit die Wahrscheinlichkeit ein Objekt der gleichen Sorte zu ziehen sinkt. Dadurch steigt die Chance, eine andere Sorte zu ziehen.**

Aufgaben

A.8.1.1. Carsten hat einen Beutel mit 3 roten (*R*), 4 blauen (*B*) und 7 (*G*) grünen Kugeln. Er zieht zwei Mal aus dem Beutel.

a) Stelle zunächst die drei Wahrscheinlichkeiten auf, entweder eine rote, eine blaue oder eine grüne Kugel aus dem Beutel zu ziehen.

b) Zeichne das Baumdiagramm. Die Ergebnisse deiner ersten Ebene hast du bereits in Teilaufgabe a) errechnet. Nachdem Carsten eine Kugel gezogen hat, legt er diese zurück in den Beutel, bevor er die nächste zieht.

c) Stelle einen weiteren Wahrscheinlichkeitsbaum auf, bei dem Carsten die Kugel, welche er zieht, nicht zurücklegt.

d) Überprüfe deine Ergebnisse indem du überprüfst ob alle Teilwahrscheinlichkeiten einer Ebene immer 100% ergeben.

e) Wie hoch ist die Wahrscheinlichkeit jeweils für b) und c), dass Carsten eine rote und eine blaue Kugel zieht?

A.8.1.2. Felix sitzt im Mathe-Unterricht und wird dabei erwischt, wie er aus seiner Studentenfuttertüte nascht. Nachdem er dazu verdammt wurde, alle Nüsse und Rosinen zu zählen, fordert sein Lehrer ihn auf,Sow einen Wahrscheinlichkeitsbaum zu seinem Studentenfutter aufzustellen. Felix hat 26 Rosinen und 72 Nüsse gezählt.

Herr Streng greift nun dreimal hintereinander in die Tüte und isst zuerst eine Rosine, dann eine Nuss und zuletzt noch eine Rosine.

a) Felix soll errechnen, wie wahrscheinlich die Kombination in dieser Reihenfolge war. Er kommt auf eine Wahrscheinlichkeit von ca. 5,13%. Rechne selbst nach und überprüfe, ob Felix Recht hat.

b) Herr Streng möchte nun den ganzen Baum für *drei Mal hintereinander naschen* sehen. Erstelle ein Baumdiagramm und ergänze die Werte.

A Lösungen

zu A.1.1 ja, nein, ja, ja, nein, ja

zu A.1.2.1 a) $S(3|-3)$, b) $S(-1|2)$, c) $S(2,5|-3,25)$, d) $S(1|0)$

zu A.1.3.1.

a) $x_{1,2} = 0$

b) $x_{1,2} = 0$

c) $x_{1,2} = \pm\sqrt{2}$

d) $x_{1,2} = \pm 2$

e) $x_1 = 0 \wedge x_2 = 1,5$

f) $t_1 = 0 \wedge t_2 = -0,5$

g) $x_1 = 0,5 \wedge x_2 = -5,5$

h) $u_1 = 2,5 \wedge u_2 = 0,5$

i) $x_1 = 0,5 \wedge x_2 = 2,5$

zu A.1.5.1.

a) $f(x) = (x-3) \cdot (x+2)$

b) $g(x) = (x-1) \cdot (x+5)$

c) $h(x) = 2(x-3) \cdot (x+12)$

d) $i(x) = 3(x-1) \cdot (x+4)$

zu A.1.6.1.

a) $f(x) = (x-1)^2 + 2$

b) $g(x) = -(x-1,5)^2 - 1,75$

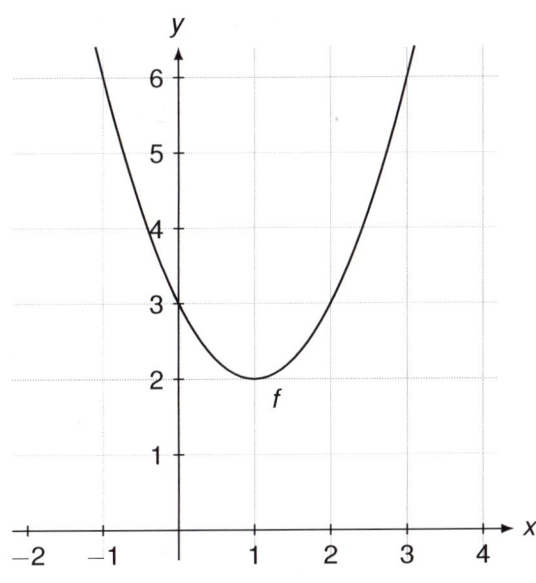

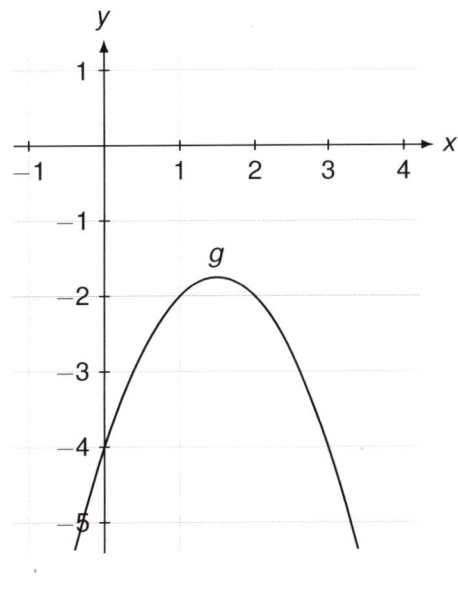

zu A.2.1.1.　　　　　　　　　　　　　　　　　　**zu A.2.1.2.**

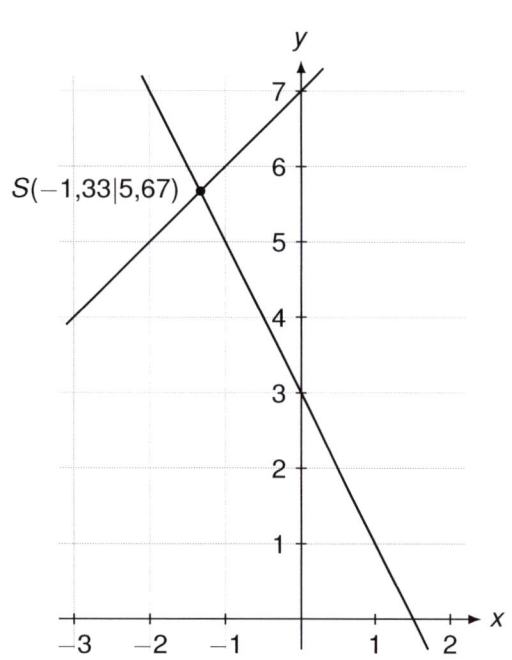

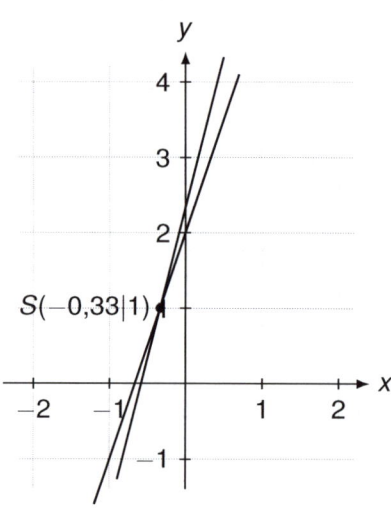

zu A.2.2.1.

a)　$x = -1{,}625$　　b)　$x = -1{,}4$　　c)　$x = 1{,}6$　　d)　$x = -1{,}25$

　　$y = 0{,}625$　　　　$y = -1{,}2$　　　　$y = -3$　　　　$y = 3{,}5$

　　　　　　　　　　　　　　　　　　　　　　$z = -1{,}6$　　　　$z = 1{,}25$

zu A.2.2.2. $x = 0, y = 2, z = 1$

zu A.2.2.3.　　　　　　　　　　　　　　　　　**zu A.2.2.4.**

a) $x = \frac{73}{26}, y = \frac{17}{26}$　　　　　　　　　a) $x = 2, y = -2, z = -5$

b) $x = -8, y = 2$　　　　　　　　　　　b) $x = -\frac{5}{4}, y = -\frac{1}{4}, z = \frac{3}{2}$

zu A.2.2.5. a) $x = 3, y = -\frac{6}{5}, z = \frac{3}{5}$, b) $x = 3, y = \frac{11}{4}, z = \frac{1}{2}$

zu A.2.3.1.

a)　$x = 1{,}5$　　　　　b)　Widerspruch,　　　c)　Widerspruch,

　　$y = -0{,}5$　　　　　　　keine Lsg.　　　　　　keine Lsg.

d)　$x = 13 - 3{,}5t$　　　e)　Widerspruch,　　　f)　$x = 1$

　　$y = -1 + 2{,}5t$　　　　　keine Lsg.　　　　　　$y = 7 - 3t$

　　$z = t$　　　　　　　　　　　　　　　　　　　　$z = t$

zu A.3.2.1.

a) $(7x)^{\frac{1}{4}}$

b) $(8y)^{\frac{1}{8}}$

c) $x^{\frac{2}{5}}$

d) z

e) $\frac{4x^{\frac{1}{10}}}{7}$

f) $\frac{1}{2y^{\frac{2}{3}}}$

g) $\left(5x^3 + \frac{7x^3}{3}\right)^{\frac{1}{3}}$

h) $\frac{1}{x^{\frac{1}{2}}}$

zu A.3.2.2.

a) $\sqrt[3]{x^2}$

b) $\sqrt[7]{y^4}$

c) $7\sqrt[8]{u^7}$

d) $2\sqrt{3x^3}$

e) $\sqrt[24]{z^{-35}}$

f) $\sqrt{0{,}125^5} \cdot \sqrt[3]{x^5}$

g) $0{,}8u^{-1}$

h) $\sqrt[9]{x^8} \cdot \sqrt[27]{y^{14}z^4}$

zu A.3.3.1. Hinweis: Um gute Zeichnungen zu erhalten, solltest du mehr Werte berechnen als in den hier angegebenen Tabellen.

		-1	$-0{,}5$	0	$0{,}5$	1
	x	-1	$-0{,}5$	0	$0{,}5$	1
a)	$f(x) = 3x^3$	-3	$-0{,}375$	0	$0{,}375$	3
b)	$g(x) = (1{,}5x)^4$	$5{,}0625$	$0{,}3164$	0	$0{,}3164$	$5{,}0625$
	x	$-1{,}5$	$-0{,}5$	0	$0{,}5$	$1{,}5$
c)	$h(x) = (2x)^{-3}$	$-0{,}037$	-1	$-$	1	$0{,}037$
d)	$i(x) = 3 \cdot (4x^{-3})^{-2}$	$2{,}14$	$0{,}0029$	0	$0{,}0029$	$2{,}14$

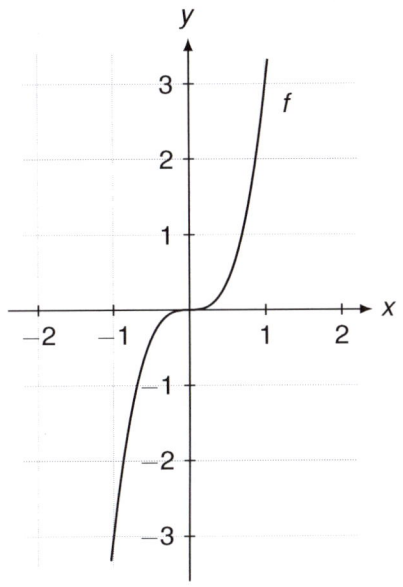

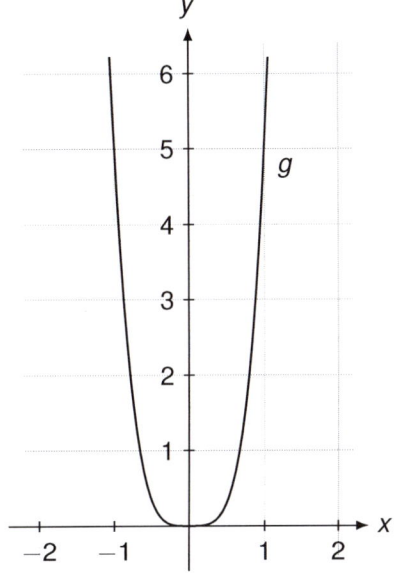

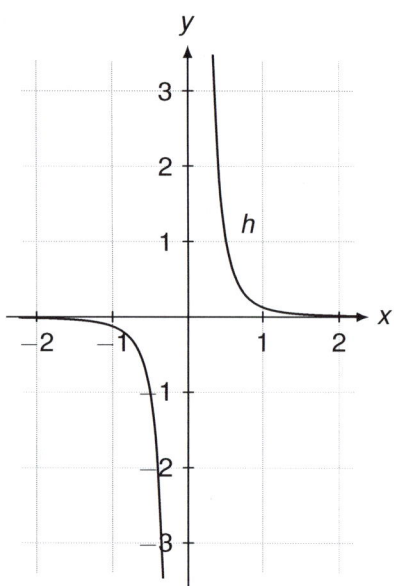 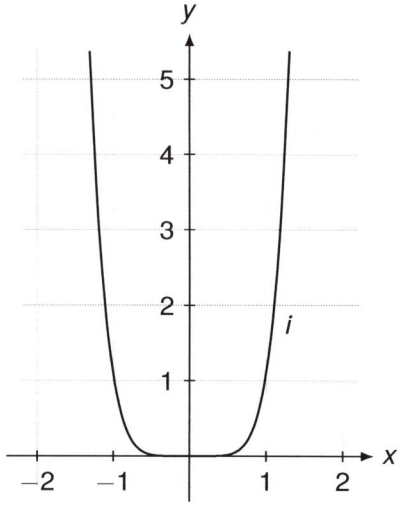

zu A.3.4.1. Hinweis: Um gute Zeichnungen zu erhalten, solltest du mehr Werte berechnen als in den hier angegebenen Tabellen.

	x	-9	-2	0	2	9
a)	$f(x) = \sqrt[3]{3x}$	-3	$-1{,}817$	0	$1{,}817$	3
b)	$g(x) = 2\sqrt[3]{x^2}$	$8{,}65$	$3{,}175$	0	$3{,}175$	$8{,}65$
	x	$-1{,}5$	$-0{,}5$	0	$0{,}5$	$1{,}5$
c)	$h(x) = \left(2 \cdot \sqrt[4]{x^4}\right)^2$	16	$0{,}16$	0	$0{,}16$	16
d)	$i(x) = x^{-\frac{1}{4}}$	$-$	$-$	0	$1{,}5$	$0{,}84$

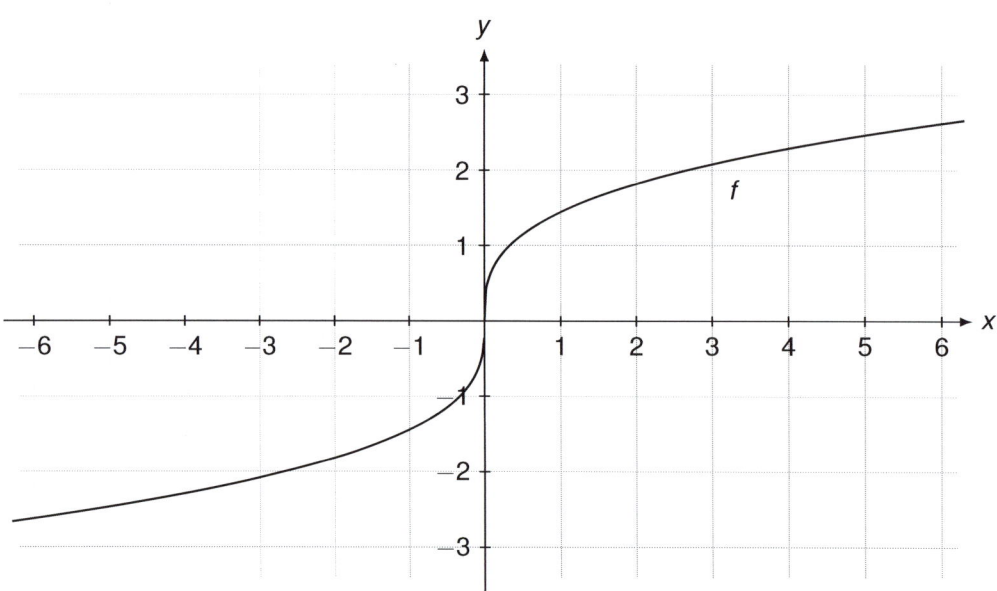

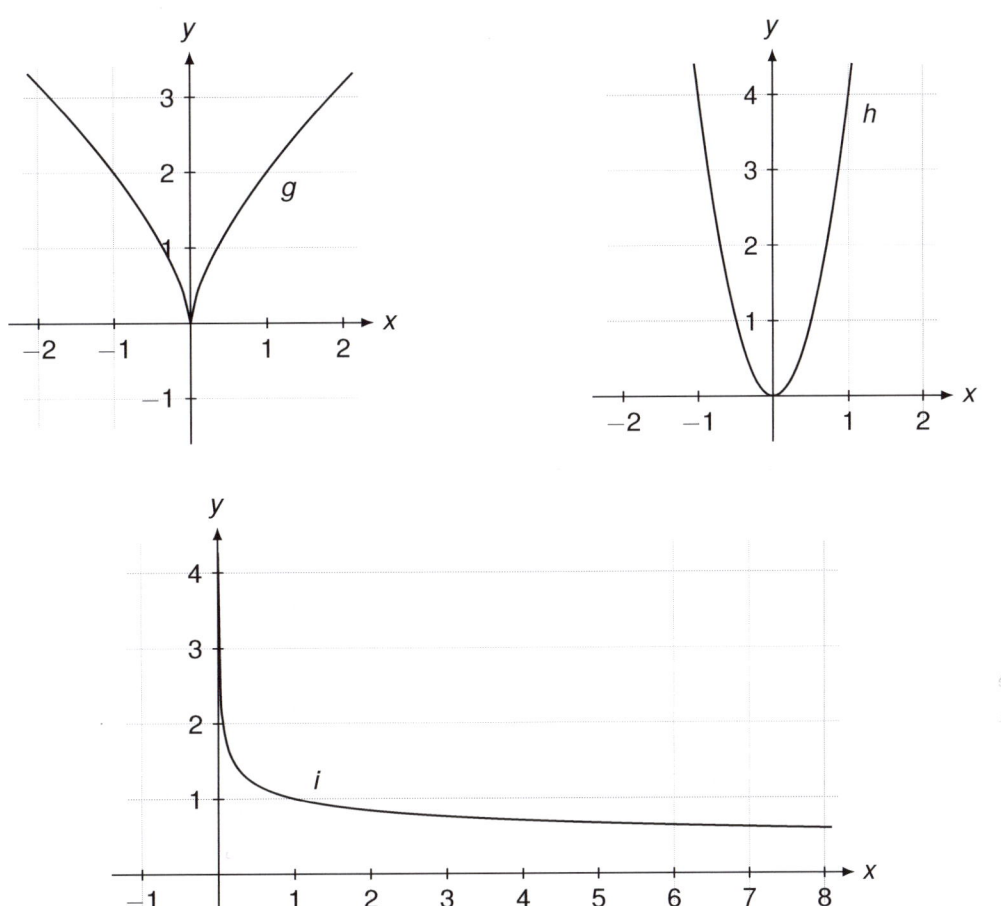

zu A.3.5.1. mit $c = 20$ und $a = 100$ folgt $a_n = 20 \cdot 100^n$.

Gesuchte Werte: $a_2 = 200.000$, $a_4 = 2 \cdot 10^9$, $a_9 = 2 \cdot 10^9$

zu A.3.5.2. mit $a = 1{,}025$ und $a_4 = 4415{,}25$ folgt: $4415{,}25 = c \cdot 1{,}025^4 \Leftrightarrow c \approx 4.000$.

Antwort: Anke hat vor 4 Jahren etwa 4.000 Euro auf das Festgeldkonto eingezahlt.

zu A.3.5.3.

a) mit $c = 190$ und $a = 1 - 0{,}05 = 0{,}95$ folgt $a_n = 190 \cdot 0{,}95^n$. Achtung! $n = 1$ bedeutet in diesem Fall nicht 1 Woche, sondern 3 Wochen. Eine Woche entsprechen also $n = \frac{1}{3}$. Damit folgt für die gesuchten Werte:

$$a_{\frac{5}{3}} \approx 174{,}42 \qquad a_{\frac{10}{3}} \approx 160{,}14$$

b) Die Frage, die wir uns stellen, lautet: $a_? < 100$ kg. Daraus folgt:

$$\Rightarrow \quad 100 \;<\; 190 \cdot 0{,}95^n \quad | : 190$$

$$\Leftrightarrow \quad \frac{10}{19} \;<\; 0{,}95^n \quad | \log.$$

$$\Leftrightarrow \quad \log_{0,95}\left(\frac{10}{19}\right) \;<\; n$$

$$\Leftrightarrow \quad n \;>\; 12{,}51$$

Da $1n = 3$ Wochen entspricht, muss das Ergebnis mit 3 multipliziert werden. Nach $3 \cdot 12{,}51 = 37{,}53$ Wochen wiegt Hugo weniger als 100 kg.

zu A.4.2.1. mit Hilfe des Thaleskreises:

a)

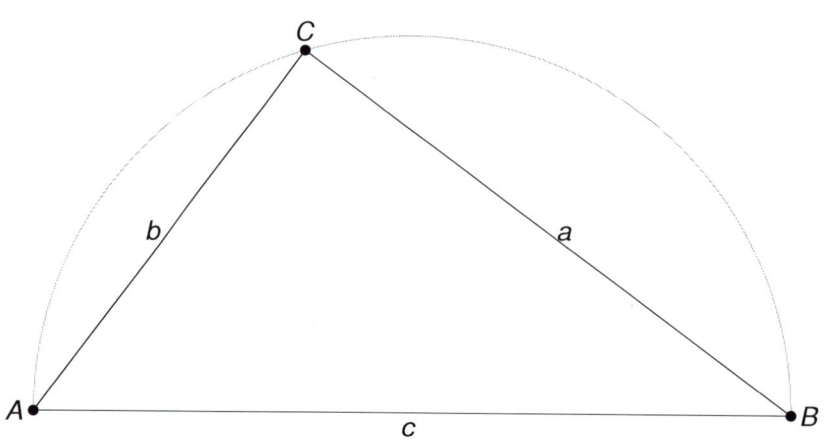

b)

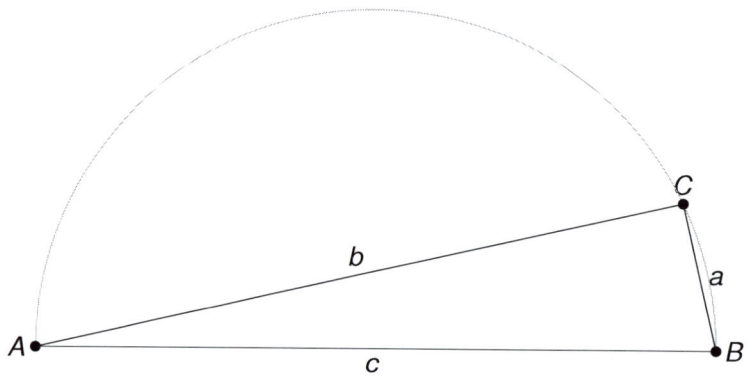

c)

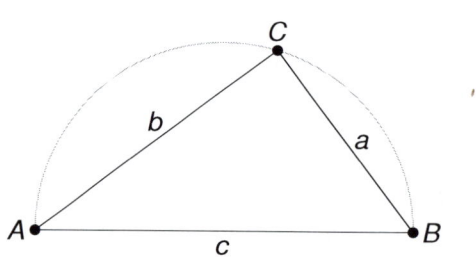

zu A.4.2.2. mit Satz des Pythagoras:

a) mit $b \approx 4{,}583$ cm folgt:

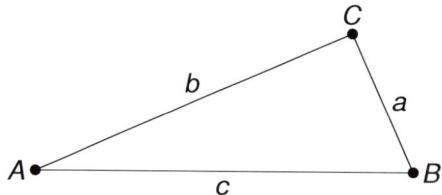

b) mit $a \approx 12{,}124$ cm folgt:

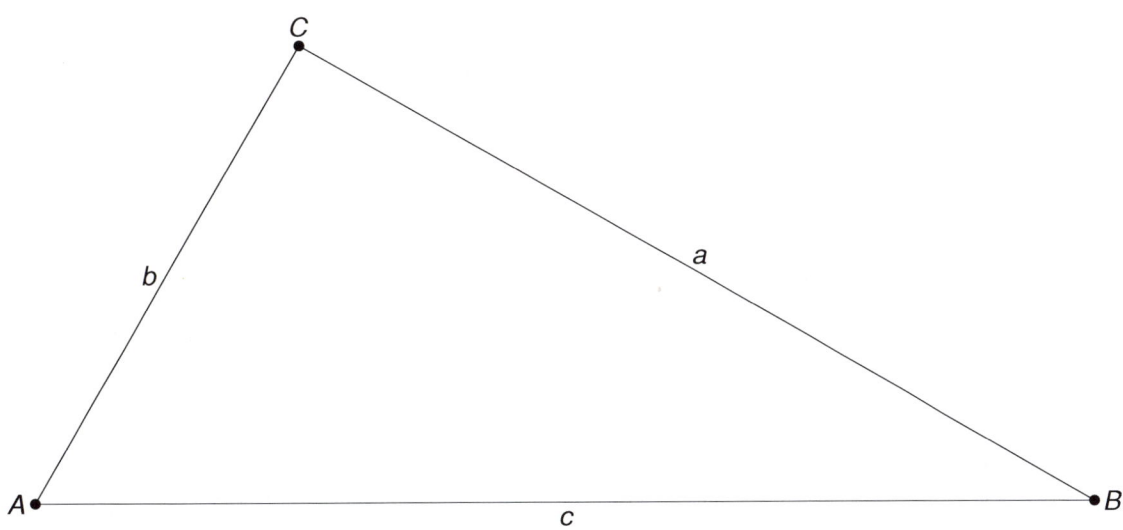

c) mit $a \approx 7{,}416$ cm folgt:

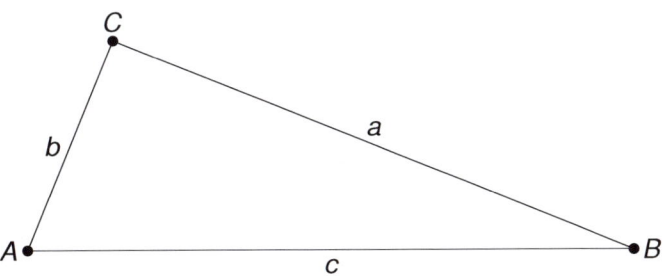

zu A.4.3.1. Beachte, dass bei d) und f) der Winkel β gegeben ist und sich Gegen- und Ankathete somit vertauschen.

a) $a = 7 \cdot \tan(40°) \approx 5{,}87$cm

$c = \dfrac{7}{\cos(40°)} \approx 9{,}14$cm

b) $b = \dfrac{4}{\tan(25°)} \approx 8{,}56$cm

$c = \dfrac{4}{\sin(25°)} \approx 9{,}46$cm

c) $a = 14 \cdot \sin(63°) \approx 12{,}47$cm

$b = 14 \cdot \cos(63°) \approx 6{,}36$cm

d) $a = \dfrac{9}{\tan(36°)} \approx 12{,}39$cm

$c = \dfrac{9}{\sin(36°)} \approx 15{,}31$cm

e) $a = 23 \cdot \sin(23°) \approx 8{,}99$cm

$b = 23 \cdot \cos(23°) \approx 21{,}17$cm

f) $a = 4 \cdot \tan(72°) \approx 12{,}31$cm

$b = \dfrac{4}{\cos(72°)} \approx 12{,}94$cm

zu A.4.4.1. Die Höhe des Dreiecks beträgt $h = 5 \cdot \sin(45°) \approx 3{,}54$ cm.

zu A.4.4.2. Zunächst machen wir uns eine Skizze und unterteilen die Figur sinnvoll in Teilfiguren.

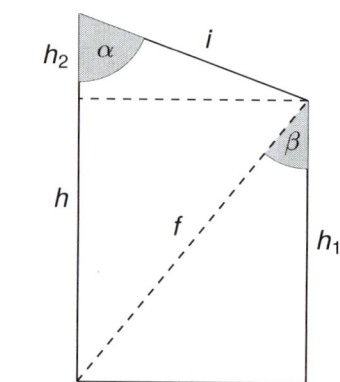

Berechnete Werte: $\alpha = 66{,}84°$, $\beta = 36{,}87°$, $i = 16{,}31$ cm, $f = 25$ cm. Um die Höhe h zu bestimmen, berechnen wir zunächst die Höhe h_1 (Ankathete beim Winkel β) und erhalten $\cos(\beta) = h_1/f \Rightarrow h_1 = 25 \cdot \cos(36{,}87°) \approx 20$ cm. Anschließend bestimmen wir die Ankathete beim Winkel α (h_2) und erhalten $\cos(\alpha) = h_2/i \Rightarrow h_2 = 16{,}31 \cdot \cos(66{,}84° \approx 6{,}41$ cm.

Die gesuchte Höhe beträgt:
$h = h_1 + h_2 = 20$ cm $+ 6{,}41$ cm $= 26{,}41$ cm

zu A.4.4.3. Wir ergänzen unsere Figur um die grauen Linien und teilen den Winkel β in β_1 und β_2 auf. Es gilt hierbei: $\beta = \beta_1 + \beta_2$.

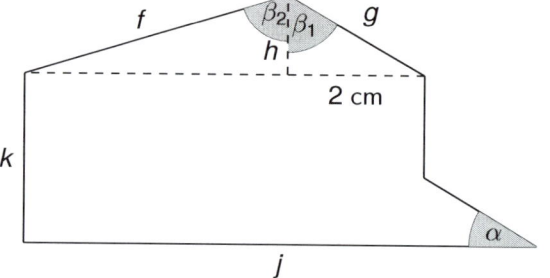

Berechnete Werte:
$f = 3{,}16$ cm, $g = 2{,}24$ cm, $k = 3$ cm.

Zunächst bestimmen wir den Winkel β_1 über
$\beta_1 = \sin^{-1}(2/2{,}24) \approx 63{,}23°$.

Anschließend können wir die Höhe des Dreiecks berechnen: $h = 2{,}24 \cdot \cos(63{,}23°) \approx 1{,}01$ cm. Der zweite Teilwinkel von β lautet $\beta_2 = \cos^{-1}(1{,}01/3{,}16) \approx 71{,}37°$. Dadurch ergibt sich für den gesamten Winkel $\beta = 63{,}23° + 71{,}37° = 135°$.

Der fehlende Winkel im oberen rechten rechtwinkligen Dreieck (mit Winkel β_1) ist der Winkel α (Stichwort: Stufenwinkel - oder berechnen über Innen-Winkelsumme). Dadurch ergibt sich die letzte gesuchte Größe: $\tan(\alpha) = 1{,}01/2 \Rightarrow \alpha = \tan^{-1}(1{,}01/2) \approx 26{,}8°$.

zu A.4.5.1. a) ja b) nein c) nein d) nein

zu A.4.6.1. Wir machen uns zunächst eine Skizze und bestimmen anschließend den gesuchten Winkel.

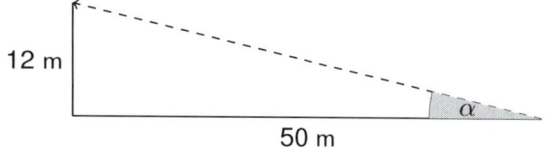

Uwe schwimmt in einem Winkel von

$$\tan(\alpha) = \frac{12}{50} \Rightarrow \alpha = \tan^{-1}\left(\frac{12}{15}\right) \approx 13{,}5°.$$

zu A.4.6.2. Wir fertigen wieder zuerst eine Skizze an um die gesuchte Größe zu bestimmen.

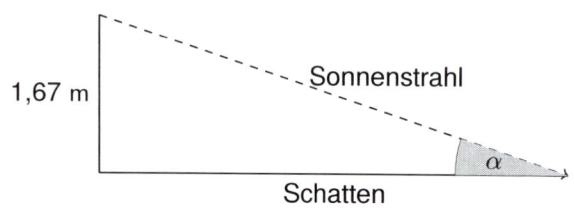

Mit $\alpha = 11{,}8°$ ist Richards Schatten ca.

$$S = \frac{1{,}67}{\tan(11{,}8°)} \approx 5 \text{ m lang.}$$

zu A.4.6.3.

a) Ole schießt $d = 200 \cdot \tan(0{,}2°) \approx 0{,}7$ m über das Schwarze. Da die Zielscheibe einen Durchmesser von 1,3 m hat und damit einen Radius von 0,65 m verfehlt Ole das Ziel.

b) Ole hat nicht getroffen, daher muss hier nichts berechnet werden.

c) Wäre die Zielscheibe so groß, dass Ole getroffen hätte, würde sich die Schusslänge Abstand um

$$\Delta s = \frac{200 \text{ m}}{\cos(0{,}2°)} - 200 \text{ m} \approx 1{,}22 \text{ mm verlängern.}$$

zu A.5.3.1.

a) Wir wissen, dass die Fixkosten pro Monat bei 3.700 Euro liegen. Daraus folgt für die Fixkosten pro Jahr $12 \cdot 3.700 = 44.400$ Euro. Die variablen Kosten pro Flasche liegen bei $0{,}06 + 0{,}08 + 0{,}12 = 0{,}26$ Euro.

Daraus ergibt sich als monatliche Kostenfunktion $K_m = 0{,}26 \cdot x + 3.700$ [in Euro] bzw. jährliche Kostenfunktion $K_j = 0{,}26 \cdot x + 44.400$ [in Euro].

b) Der Umsatz ist der Verkaufspreis mal die Anzahl der verkauften Flaschen. In unserem Fall $U = 2{,}5 \cdot x$ [in Euro].

c) Für die Berechnung des Gewinns müssen wir alle Kosten von unseren Umsätzen abziehen. Daraus folgt für die monatliche Gewinnfunktion $G_m = U - K_m = 2{,}5 \cdot x - (0{,}26 \cdot x + 3.700) = 2{,}24 \cdot x - 3.700$ [in Euro] bzw. die jährliche Gewinnfunktion $G_j = U - K_j = 2{,}5 \cdot x - (0{,}26 \cdot x + 44.400) = 2{,}24 \cdot x - 44.400$ [in Euro].

d) Um herauszufinden, ab wann Peter Gewinn macht, müssen wir die Nullstellen der Gewinnfunktion bestimmen. Für den monatlichen Mindestverkauf gilt:

$$0 = 2{,}24 \cdot x - 3.700 \Leftrightarrow x \approx 1.651{,}79$$

Antwort: Peter muss monatlich mindestens 1.652 Flaschen verkaufen, um Gewinn zu machen.

Für den jährlichen Mindestverkauf gilt:

$$0 = 2{,}24 \cdot x - 44.400 \Leftrightarrow x \approx 19.821{,}43$$

Antwort: Peter muss jährlich mindestens 19.822 Flaschen verkaufen, um Gewinn zu machen.

zu A.5.3.2.

a) Die Kostenfunktion für die Taxifahrt in Abhängigkeit der Zeit lautet

$$K_{min}(t) = \frac{0{,}95}{\text{min}} \cdot t + 4 \text{ [in Euro]}$$

mit t als Zeitangabe in Minuten bzw. in Abhängigkeit der gefahrenen Kilometer

$$K_{km}(d) = \frac{1{,}1}{\text{km}} \cdot d + 4 \text{ [in Euro]}$$

mit d als gefahrene Strecke in Kilometer.

b) Da sich Jasmin für die Kilometervariante entschieden hat, zahlt sie für die Taxifahrt $K_{km}(12\ km) = 17{,}2$ Euro.

c) Wenn Jasmin die Variante in Abhängigkeit der Zeit gewählt hätte, hätte sie $K_{min}(15\ min) =$ 18,25 Euro bezahlen müssen. Da das die teurere Alternative gewesen wäre, hat sich sich richtig für die günstigere Kilometervariante entschieden.

zu A.6.1.1.

a) Die beiden Grundflächen lauten:

$$G_1 = (10\ cm)^2 = 100\ cm^2 \quad und \quad G_2 = (6\ cm)^2 = 36\ cm^2$$

b) Das Volumen beträgt $V = 784\ cm^3$.

zu A.6.1.2. Damit wir bei den Berechnung wissen, um welche Größe es sich handelt, haben wir erstmal den Pyramidenstumpf beschriftet:

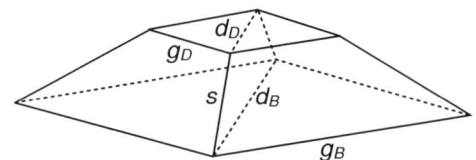

Zunächst berechnen wir die untere Grundfläche $G_1 = g_B^2 = (9\ cm)^2 = 81\ cm^2$. Anschließend folgt die Grundseite der Dachfläche mit Hilfe des Satzes des Pythagoras:

$$d_D^2 = g_D^2 + g_D^2 \quad \Rightarrow \quad g_D \approx 2{,}83\ cm \quad \Rightarrow \quad G_2 = g_D^2 = 8\ cm^2$$

Für eine bessere Veranschaulichung legen wir eine Skizze des Pyramidenstumpfquerschnitts durch die Diagonale an, um die gesuchten Größen zu bestimmen.

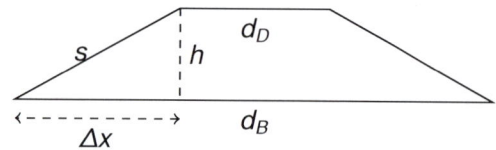

Wir bestimmen die Diagonale der Bodenfläche mittels Pythagoras. Es gilt:

$$d_B^2 = g_B^2 + g_B^2 \Rightarrow d_B = \sqrt{2 \cdot g_B^2} \approx 12{,}73\ cm$$

Aus der Skizze können wir nun Δx bestimmen, um dann die Höhe h und das Volumen V zu berechnen. Aus $d_B - d_D = 2 \cdot \Delta x$ folgt $\Delta x = \frac{d_B - d_D}{2} = 4{,}365$ cm. Daraus ergibt sich die Höhe mit $h = \sqrt{s^2 - \Delta x^2} \approx 2{,}44$ cm und zuletzt auch das Volumen $V \approx 96{,}09\ cm^3$.

zu A.6.2.1. Das Volumen des Kegelstumpfes beträgt $V = 1.143{,}54\ cm^3$.

zu A.6.2.2.

a) Zunächst berechnen wir die Radien der beiden Grundflächen und erhalten:

$$\pi \cdot r_1^2 = 706{,}86\ cm^2\ (= G_1) \qquad \pi \cdot r_2^2 = 50{,}27\ cm^2\ (= G_2)$$
$$\Leftrightarrow \quad r_1 = \sqrt{\frac{706{,}86\ cm^2}{\pi}} \approx 15\ cm \qquad \Leftrightarrow \quad r_2 = \sqrt{\frac{50{,}27\ cm^2}{\pi}} \approx 4\ cm$$

Um die gesuchte Höhe zu bestimmen, fertigen wir zunächst eine Skizze des Querschnitts an. Dafür reicht uns der halbe Kegelstumpf!

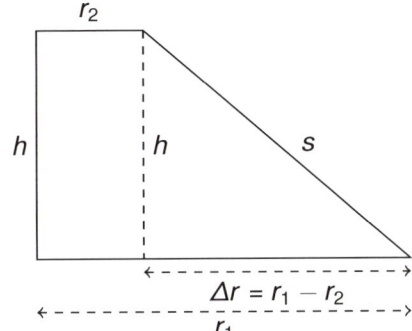

Wir führen eine Hilfsgröße Δr ein, um dann die Höhe mit dem Pythagoras zu bestimmen. Es gilt:

$$\Delta r = r_1 - r_2 = 11 \text{ cm}$$
$$h^2 = s^2 - \Delta r^2 = (14 \text{ cm})^2 - (11 \text{ cm})^2$$
$$\Rightarrow h \approx 8{,}66 \text{ cm}$$

b) Das Volumen beträgt $V = 2.729{,}69 \text{ cm}^3$.

zu A.6.3.1. Das Volumen der Erde beträgt $V = 1{,}0832 \cdot 10^{12} \text{ km}^3$.

zu A.6.3.2. Der Durchmesser des Balles beträgt $d \approx 8{,}5$ cm.

zu A.6.4.1.

a) Die Grundfläche des Hauses beträgt $G_H = a^2 = 144 \text{ m}^2$ und die des Daches $G_D = 32 \text{ m}^2$.

b) Die Höhe des Daches berechnen wir wie in **A.6.1.2.**. Zunächst bestimmen wir die Diagonale des Bodens mit $d_B = 12\sqrt{2} = 16{,}971$ m. Daraus folgt: $\Delta x \approx 4{,}49$ m, $h_D \approx 2{,}21$ m.

Das Haus ist also $h_{Haus} = 9 \text{ m} + 2{,}21 \text{ m} = 11{,}21 \text{ m}$ hoch.

C) Das Volumen des Hauses beträgt:

$$V = V_{Quader} + V_{Dach} = 1.296 \text{ m}^3 + 179{,}66 \text{ m}^3 = 1.475{,}66 \text{ m}^3$$

Antwort: Das Haus darf gebaut werden.

zu A.7.2.1.

a) Bei absoluten Verteilungen bietet sich das Säulen- oder das Balkendiagramm gut an.

$G = 355$

$M = 247$

$F = 108$

b) Bei prozentualen Verteilungen wird das Kreis- oder das Streifendiagramm genutzt.

$M \approx 69{,}6\%$

$F = 30{,}4\%$

c) In Altersgruppen aufgeteilt:

$A = 60 \rightarrow 16{,}9\%$

$B = 60 \rightarrow 16{,}9\%$

$C = 78 \rightarrow 21{,}97\%$

$D = 157 \rightarrow 44{,}23\%$

Hinweis: Bei absoluten Verteilungen bietet sich das Säulen- oder das Balkendiagramm gut an - siehe a). Bei prozentualen Verteilungen wird das Kreis- oder das Streifendiagramm genutzt - siehe b) und c).

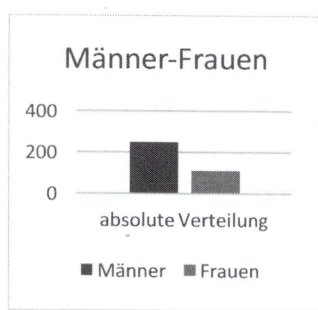

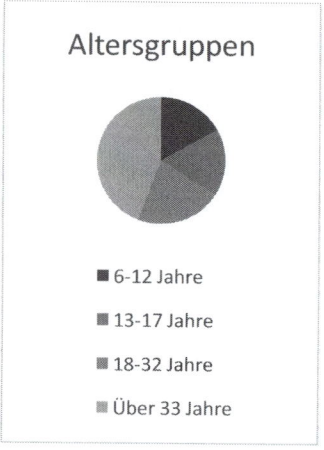

zu A.7.2.2.

Aktienkursverlauf → Liniendiagramm

Torvergleich von vier Mannschaften→ Gruppiertes Balkendiagramm

Prozentuale Geschlechterverteilung→ Kreisdiagramm

Altersverteilung→ Säulendiagramm

Umsatzverteilung der letzten fünf Jahre in Prozent→ Streifendiagramm

zu A.7.2.3.

a) Sortieren: 2 2 3 3 3 3 3 4 4 4 4 5 5 5 5 6 6 7 7 7 7 8 8 9 9 10 11 15 19

b) Median: $z = 5$, unteres Quartil: $q_u = 3{,}5$, oberes Quartil: $q_o = 8$, Minimum: $min = 2$, Maximum: $max = 19$

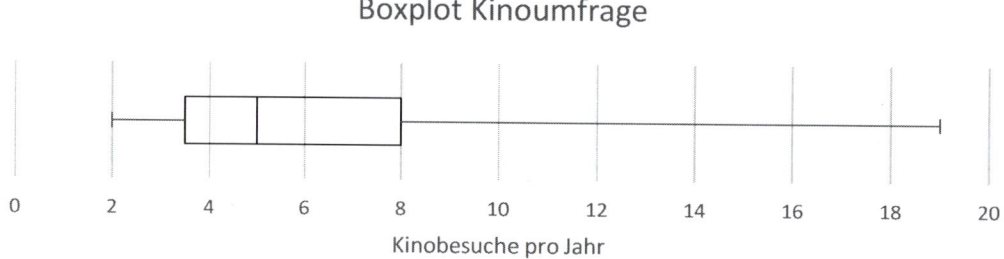

Boxplot Kinoumfrage

Kinobesuche pro Jahr

zu A.7.2.4. Median: $z = 1.104$, unteres Quartil: $q_u = 852$, oberes Quartil: $q_o = 1.346$, Minimum: $min = 474$, Maximum: $max = 1.542$

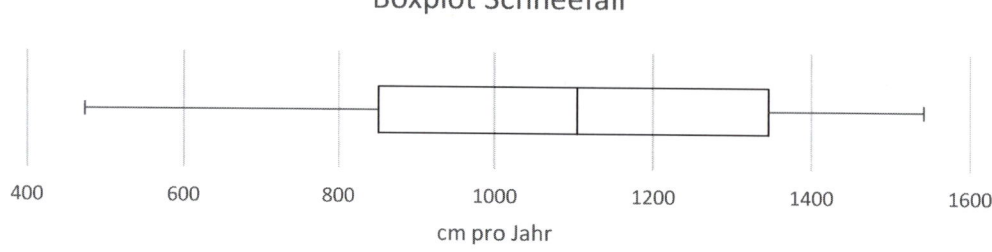

Boxplot Schneefall

cm pro Jahr

zu A.8.1.1. a) $P(R) = 3/14 \approx 21{,}43\%$, $P(B) = 4/14 \approx 28{,}57\%$, $P(G) = 7/14 = 1/2 \approx 50\%$

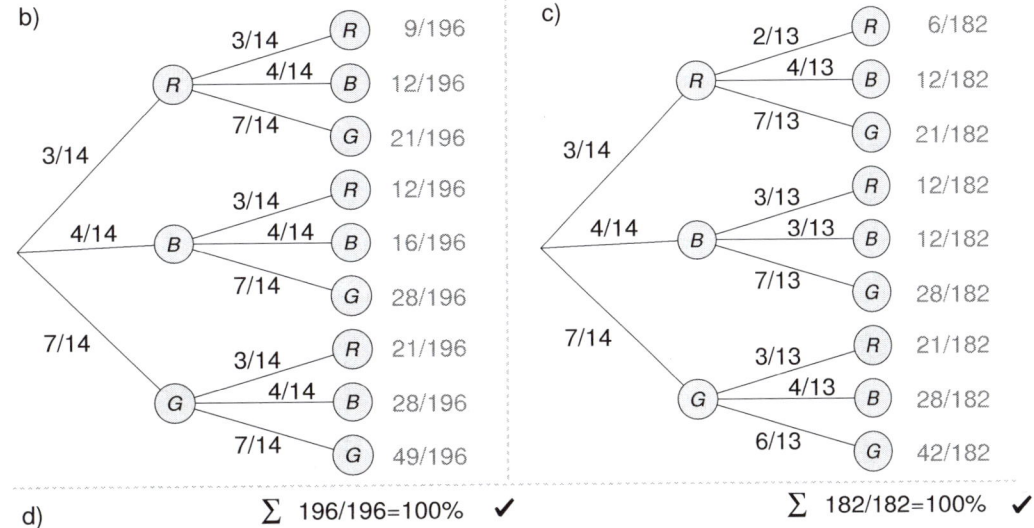

b)

c)

d) $\sum$ 196/196=100% ✔ $\sum$ 182/182=100% ✔

e) Wichtig: Beachte, dass es zwei Kombinationen gibt! Wir können zuerst eine blaue, dann eine rote Kugel ziehen oder andersherum. Von daher wenden wir die 2. Pfadregel an und addieren die Wahrscheinlichkeiten der einzelnen Versuchsausgänge. Wir erhalten:

$$\text{für b):} \quad P(BR, RB) = \frac{12}{196} + \frac{12}{196} = \frac{24}{196} \approx 12{,}25\%$$

$$\text{für c):} \quad P(BR, RB) = \frac{12}{182} + \frac{12}{182} = \frac{24}{182} \approx 13{,}19\%$$

zu A.8.1.2.

a) Die Wahrscheinlichkeit, zuerst eine Rosine (r), dann eine Nuss (n) und dann wieder eine Rosine zu naschen liegt bei: $P(r, n, r) = \frac{26}{98} + \frac{72}{97} + \frac{25}{96} \approx 5{,}13\%$. Da das Studentenfutter gegessen wird, wird es natürlich nicht zurückgelegt. Daher verringert sich die Grundgesamtheit von 98 (26 Rosinen + 72 Nüsse) von Zug zu Zug. Unsere Rechnung stimmt mit Felix' Rechnung überein. Er hatte Recht!

b) Wir erstellen ein Baumdiagramm und ergänzen die fehlenden Werte. Die Werte am Baum sind hier als Brüche angegeben. Sie können aber auch in Prozent angegeben werden, wobei sich dabei allerdings häufig Rundungsfehler einschleichen!

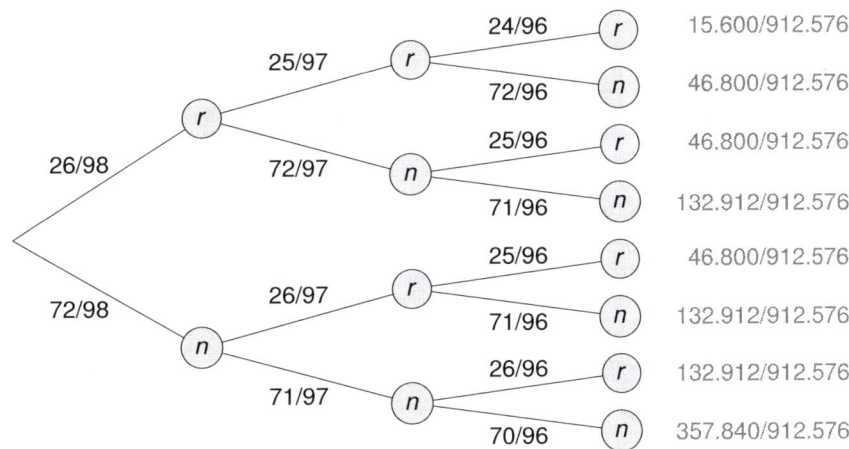

StudyHelp Intensivkurse

in deiner Stadt

Unsere Intensivkurse für Schüler bieten dir eine effektive und qualifizierte Vorbereitung für Abschlussprüfungen aller Art.

Unsere **erfahrenen Dozenten** sind in der Regel Studierende, die einen aufwändigen Bewerbungsprozess durchlaufen und sorgfältig ausgewählt wurden. Sie sind bestens qualifiziert und geschult, um Teilnehmern den Stoff in einer verständlichen Art und Weise zu vermitteln.

- ✔ exklusives Kursbuch
- ✔ durchschnittlich 22 und maximal 30 Teilnehmer
- ✔ Ablauf- und Themenplan im Vorfeld per E-Mail

ab 99€

Jetzt anmelden unter:

Ableiten der Exponentialfunktion

Eine e-Funktion wird folgendermaßen abgeleitet: Ihr verwendet "offiziell" die Kettenregel, aber es geht eigentlich um einiges einfacher. Wir betrachten dafür die Funktion

$$f(x) = e^{5x}.$$

welche wir nach x ableiten wollen. Dafür schreiben wir einfach den Term mit der e-Funktion nochmal hin und multiplizieren das Ding mit dem abgeleiteten Exponenten. Der Exponent ist hier 5x und abgeleitet wäre das einfach 5. Dann folgt für die Ableitung

$$f'(x) = e^{5x} \cdot 5.$$

Weiteres Beispiel

Mit StudyHelp online lernen

Unter studyhelp.de/online-lernen steht dir jederzeit unser **kostenloses Lernportal mit Videos, Erklärungen und Aufgaben** zur Verfügung. Alle Themen und Erklärungen sind verständlich für dich aufbereitet. So kannst du dich ganz gezielt auf deine Prüfung vorbereiten. Lerne in deinem eigenen Tempo – wann und wo du möchtest.

Jetzt QR-Code scannen und loslegen: